prazeres ilimitados

prazeres ilimitados

Como transformamos os ideais gregos numa busca obsessiva pela satisfação dos desejos

fernando muniz

© 2015 by Fernando Muniz.

Direitos de edição da obra em língua portuguesa no Brasil adquiridos pela EDITORA NOVA FRONTEIRA PARTICIPAÇÕES S.A. Todos os direitos reservados. Nenhuma parte desta obra pode ser apropriada e estocada em sistema de banco de dados ou processo similar, em qualquer forma ou meio, seja eletrônico, de fotocópia, gravação etc., sem a permissão do detentor do copirraite.

EDITORA NOVA FRONTEIRA PARTICIPAÇÕES S.A.
Rua Nova Jerusalém, 345 – Bonsucesso – 21042-235
Rio de Janeiro – RJ – Brasil
Tel.: (21) 3882-8200 – Fax: (21)3882-8212/8313

CIP-BRASIL. CATALOGAÇÃO NA PUBLICAÇÃO
SINDICATO NACIONAL DOS EDITORES DE LIVROS, RJ

M935p

Muniz, Fernando
   Prazeres ilimitados : como transformamos os ideais gregos numa busca obsessiva pela satisfação dos desejos / Fernando Muniz. - 1. ed. - Rio de Janeiro : Nova Fronteira, 2015.

   ISBN 978.85.209.3859-1

   1. Filosofia moderna - Séc. XX. I. Título.

| 14-18031 | CDD: 190 |
| | CDU: 1 |

À memória de Vitor Gebara

Sumário

Agradecimentos.. 9

Prólogo: Prazeres sem desejo: animais pós-humanos.. 13

Capítulo 1: Vidas efêmeras, prazeres épicos................ 23

Capítulo 2: Relíquias do jardim de Afrodite 43

Capítulo 3: Ruínas hedonistas I.................................... 69

Capítulo 4: Ruínas hedonistas II................................... 89

Capítulo 5: Dores góticas, volúpias privadas............. 107

Capítulo 6: A ética, o prazer, o êxtase....................... 137

Capítulo 7: *Pleonexias* modernas............................... 159

Epílogo: A máquina de prazeres 185

Referências 189

Agradecimentos

Aos meus amigos Julio França, Luiz Eduardo Freitas, George Rudebusch, Nigge Loddi, Plinio Fraga, Thomas Dahlberg e Rodrigo de Almeida. Sem eles, este livro não existiria. Eles podem ser responsabilizados pela existência dele, mas nunca por seus defeitos. Esses são todos meus.

*Se você quiser ouvir o que os gregos têm a dizer,
ofereça a eles um pouco do seu sangue.*
— Ulrich von Wilamowitz-Moellendorff

Prólogo
Prazeres sem desejo: animais pós-humanos

Imagine um futuro não muito distante no qual o animal humano não tenha mais desejos. Quando os apetites — a fome, a sede, o sexo — terão sido extirpados um a um. O Destino — ou, se preferirem, a História — verá nascer um novo tipo de animal. Seres muito diferentes de nós, humanos. Imaginemos um futuro em que o mundo seja habitado por animais pós-humanos.

Inúmeros avanços de várias áreas das ciências do corpo e da mente indicam a plausibilidade de que certos problemas de ordem econômica e ambiental possam ser resolvidos no plano fisiológico. Para combater a dificuldade de aumentar a produção de alimentos em escala exponencial, em um planeta com potencialidades esgotadas — a escassez de água potável, por exemplo —, já nos parece razoável que a busca de alternativas se resolva não na área da agricultura ou do meio ambiente, mas por meio de modificações corporais extremas. Eliminar, por exemplo, o aparelho digestivo, transferindo a função de nutrição para outros órgãos, como os pulmões, e fazendo com que as substâncias necessárias para a sobrevivência dos corpos sejam extraídas do ar, seria a primeira revolução na direção de um mundo pós-humano.

Sem as necessidades básicas da fome e da sede, o corpo humano precisará ser atualizado, e muitos órgãos se tornarão obsoletos. Estômago, intestinos e arcada dentária estarão fadados ao desaparecimento; uma nova fisiologia e uma nova estética criarão novos seres. A sobrevivência garantida pela respiração libertará o ser pós-humano do trabalho e de todas as tarefas ligadas à sobrevivência.

Esses novos seres, livres da fome e da sede, não teriam mais, evidentemente, necessidade alguma de fazer qualquer esforço para se manterem vivos. Na realidade, seriam seres destituídos de necessidades fisiológicas, ou melhor, seres cujas necessidades fisiológicas seriam automaticamente satisfeitas pelo ato da respiração. Os passos decisivos para a abolição do ser humano e do mundo como os conhecemos até agora já teriam sido dados.

Além desses apetites elementares, nesse futuro possível, é bem provável que a sexualidade seja também totalmente extirpada. Já se percebe a tendência atual para satisfações eróticas on-line. Há uma consciência operando nas práticas virtuais — a de que um relacionamento inter-humano real é dispendioso em todos os sentidos. Investe-se muito tempo, muito esforço, muito trabalho. Gozos mais intensos podem ser obtidos por meio de contatos efêmeros virtuais com correspondência direta e dócil com o que quer que se sonhe ou fantasie.

Nesse futuro, com o advento de clones perfeitos, todos os objetos de desejo estarão à disposição da maneira exata como são desejados. Qualquer ser ou coisa terá existência virtual e disponibilidade absoluta. Todas as paixões serão satisfeitas *a priori*. Ir para a cama com uma dúzia de Marilyns ou Brandos, ou apenas com quem mora ao lado, dependerá apenas de um clique, de um piscar de olhos. Não haverá mais desejo, não haverá mais falta, nem espera, nem dor da ausência: sua satisfação estará sempre garantida. Essa disponibilidade total e permanente de todos os objetos de desejo significará, na prática, seu desaparecimento. A satisfação, sendo imediata, elimina a distância entre o que se deseja e o que é desejado. Resultado: não há mais desejo.

Mas quem serão esses estranhos seres, e que tipo de vida viverão? Não nos cabe nem nos interessa saber. Perguntemos apenas: eles ainda terão prazer? E como seriam esses prazeres totalmente desvinculados do desejo?

Seriam novos seres vivendo em uma sociedade pós-desejante, para além da necessidade e da paixão. Será que alguém ainda chamaria de humanos esses seres sem fome, sede ou desejo sexual?

★ ★ ★

Qual o lugar do prazer na vida humana? Não há resposta simples a essa pergunta. O mundo atual, por exemplo, costuma ser caracterizado por sua busca frenética pelo prazer. Nós, hedonistas extremados, conceberíamos a vida feliz como a obtenção do prazer a qualquer custo e reconheceríamos nele um valor absoluto e supremo. Esse clichê sobre o mundo contemporâneo precisa ser revisto.

Como ilustração desse equívoco, vejamos o caso da crise ética e de sua relação com o prazer. Além dessa convicção de que vivemos uma era de hedonismo desenfreado, identifica-se uma crise extrema de valores experimentada neste início de milênio. A crise é tão profunda e, aparentemente, tão irreversível, que novas alternativas ao modelo de moral consagrado pela modernidade passaram a ser atraentes para a solução desse impasse.

Nos últimos sessenta anos, uma série de importantes estudos vem buscando na ética grega esse novo paradigma a partir da questão geral que a move: não há um só filósofo antigo que não tenha tomado o prazer e seu lugar na existência humana como um grande desafio, um enigma decisivo sobre o sentido da existência e do modo de vida ético. O prazer sempre foi naturalmente visto como promotor da *eudaimonia* (palavra grega normalmente traduzida como "felicidade", mas cujo significado mais apropriado seria a "plena realização do ser humano"). Como as éticas gregas tomam para si a função de tornar a vida humana completa e satisfeita — daí serem chamadas éticas eudaimonísticas, ou éticas da felicidade —, o prazer foi sempre visto por elas como o candidato natural ao posto de meta da existência. Por essa razão, saber o que é o prazer — sua conexão com a dor e com o desejo, sua importância para a vida e como devemos nos relacionar com ele — sempre foi uma das principais tarefas do pensamento antigo, não apenas de socráticos, platônicos e aristotélicos, mas também de cínicos, estoicos e epicuristas.

Ora, o prazer não é objeto de reflexão preferencial em nosso mundo atual. Ele aparece como um dado, com um sentido óbvio e inquestionável, que se impõe por sua evidência. Pensamos e agimos como se soubéssemos muito bem o que ele é. (Alguém certamente poderia perguntar: mas o prazer não é exatamente o que todo mundo sabe que ele é?) Mesmo quando é objeto de reflexão teórica, como veremos, o prazer nunca é tratado diretamente. Vivemos em um mundo que, provavelmente, ao contrário do que costumamos pensar, perdeu o contato com o prazer; não se pergunta mais sobre o que ele é nem como ou por que devemos buscá-lo. Não somos hedonistas desenfreados: somos, inconscientemente, anti-hedonistas. E, como veremos nos capítulos seguintes, o que nossa sociedade chama de prazer é, na verdade, compulsão e voracidade.

Os prazeres de superfície e os de profundidade

A ficção científica que abre o livro nos remete à origem da crença de que os seres humanos se definem por seus desejos e prazeres. Foram eles, os gregos, que nos legaram essa natureza. Eles que viviam em um mundo "cheio de deuses", um mundo que, para nós, não é mais verossímil do que o futuro hipotético que acabamos de imaginar.

Comparados com as figuras brilhantes dos deuses imortais, os homens gregos revelam-se seus pálidos reflexos. Mortais, frágeis, submetidos à doença, à morte, aos trabalhos penosos pela sobrevivência, os homens beiram a condição animal. Em um mundo cheio de deuses, monstros e animais, qual é o lugar do homem? Carrega ele, em sua composição, um pouco de cada um? Teria o homem sido criado?

Os gregos não compuseram narrativas sobre a criação do homem. Ele já aparece no mundo em meio a inúmeros outros seres e coisas. A pergunta, porém, permanece, ainda que formulada de outro modo: como o ser humano chegou a ser o que é? O mito de Prometeu nos dá a resposta.

Essa resposta implica uma série de separações criadoras do espaço propriamente humano. Por essa razão, o traço distintivo da humanidade é inseparável da delimitação de certa geografia, uma vez que o mito nos indica um momento anterior a essas separações, uma Idade do Ouro em que deuses e homens, sentados à mesma mesa, habitando o mesmo espaço, desfrutam de um banquete eterno, vivendo uma mesma vida. Sem necessidades, trabalhos, preocupações ou doenças. Uma vida cheia de prazeres.

O que significa viver uma vida cheia de prazeres em uma Idade do Ouro? Como os deuses, os homens comem, mas não por fome; bebem, mas não por sede. O prazer esgota-se na saliva e na pele, pois não preenche nenhuma falta física ou qualquer ausência profunda. São prazeres de superfície, que não dependem de nenhuma necessidade corporal, de nenhum desejo. De modo correspondente, as coisas que dão prazer — os alimentos e tudo o mais — brotam espontaneamente da natureza, sem que os homens tenham que fazer esforço algum para obtê-las. Sem males nem dores, os homens vivem uma vida plena, em que mesmo a morte é apenas um desaparecimento, suave e imperceptível.

Foi exatamente essa terra original que precisou ser demarcada. Fronteiras intransponíveis precisaram ser erguidas, de modo a tornar o homem definitivamente humano.

Prometeu é o herói das aventuras dessa transformação, o agente das operações astuciosas e surpreendentes. Filho de um Titã, o próprio Prometeu é, por um lado, parente de forças poderosas e violentas; mas, por outro, é também um aliado de Zeus na guerra contra seus parentes Titãs. Tal posição ambivalente é a condição necessária para que os marcos fundadores da humanidade sejam por ele erguidos.

Coube ao próprio Zeus propor essa demarcação na forma de uma partilha. Prometeu é convocado para dividir um boi entre os deuses e os homens. Nesse ato, tudo foi decidido. Prometeu cria uma armadilha: divide o boi em duas partes distintas — uma com a carne, e a outra com os ossos. Cobre a primeira com a pele do animal e a segunda com a gordura. A cilada está pronta. A aparência má esconde a realidade boa, a aparência boa esconde a realidade má. Zeus escolhe os ossos envoltos em gordura, mas, no mesmo ato em que percebe a astúcia, prevê a futura inversão dos valores. O que é mau será bom, e o que é bom será mau.

O sacrifício do boi e sua partilha instauram, no ato prometeico, não apenas a forma principal de comunicação entre deuses e homens, mas também a redistribuição dos prazeres e dos desejos. Nos sacrifícios rituais, os ossos imperecíveis e a gordura serão queimados para que os deuses recebam o que lhes cabe: a fumaça que sobe às alturas. Os odores são objetos de um prazer de superfície que é, ao mesmo tempo, luxo e excesso. Única forma possível de prazer divino.

Cabe aos homens, em uma contrapartida funesta, a carne perecível, cozida no fogo do sacrifício para o preenchimento do vazio corporal. Putrescível, ela revela o aspecto mais abjeto da humanidade: a marca de sua finitude. A carne que se come e a de quem a come são perecíveis. O prazer resultante do ato de comer, por consequência, sofre uma mutação. Não mais o luxuoso prazer da superfície da pele, dos lábios, da saliva da boca, mas o prazer proveniente do preenchimento cíclico de um vazio interno profundo.

A fome que dá sabor aos alimentos renasce sempre, e quando não mais renasce é porque já não há mais vida. A plenitude é abolida da vida humana com a chegada dos apetites. Os prazeres humanos passam a ser os momentâneos e fugazes; a plenitude permanente da saciedade e os prazeres intensos e periféricos são agora exclusividade da divindade.

O sacrifício inventado por Prometeu demarca, assim, espaços: um dos deuses, imortais, no alto do Olimpo, com seus perfumes e seus prazeres de superfície; outro dos homens, mortais, na terra firme, com suas necessidades insaciáveis e seus prazeres enraizados nas entranhas. Os animais selvagens, por sua vez, nas zonas não cultivadas, estão fora dessa relação e manifestam essa exclusão comendo a carne crua de seus semelhantes.

A divisão pela dieta é rigorosa, mas ainda insuficiente para dar conta da natureza humana. Será preciso ainda que Zeus, tomado pela ira de se ver enganado, recolha o fogo natural que brotava espontaneamente na terra. Mais uma vez, surge uma oportunidade para Prometeu operar outra ruptura. Pois, ao roubar o fogo do Olimpo e entregá-lo aos homens, não é o fogo natural que ele devolve, mas uma centelha dele, uma semente do fogo que, como a dos cereais, agora nas entranhas da terra, precisa ser cultivada e mantida. Um fogo humano que, quando controlado, é potência de criação e de invenção, caracterizando, desse modo, o poder genuinamente humano de prolongar a natureza, de alterá-la e multiplicá-la — mas que, quando escapa ao controle, pode também destruí-la. Essa duplicidade do fogo faz do presente de Prometeu uma faca de dois gumes: criação e destruição.

Falta ainda uma terceira aventura e um último ato. Entra em cena um novo presente, desta vez proveniente dos próprios deuses: Pandora. Fabricação divina, como o sacrifício e o fogo, traz também a marca da ambivalência: uma beleza irresistível em um caráter dissimulado. Com Pandora, a reprodução torna-se sexuada, acrescentando assim à vida humana mais um tipo de dependência e de necessidade profunda e irrefreável. Os homens são submetidos, portanto, a mais uma forma de poder: a sedução.

As "dádivas" de que Pandora é portadora são todos os males que compõem a vida humana, e que ela libera ao abrir inadvertidamente o jarro. O que resta no fundo do jarro é mais um elemento duplo, a *elpis*, a "expectativa", que tanto pode antecipar o que é bom como o que é mau.

Nos atos, realizados pela dúbia astúcia de Prometeu, pode-se discernir o lugar do homem: os limites que cercam sua natureza, que determinam suas atividades e que traçam, em sua conjugação, o horizonte de uma expectativa finita, precária, frágil e, ao mesmo tempo, urgente, necessária, porquanto humana.

Nesse sentido, o castigo que Prometeu sofre deve ser visto não como a punição por sua transgressão (*hybris*), mas como a figuração do caráter cíclico da vida humana, tal qual ele próprio constitui, com suas aventuras: a doença, a regeneração, a dor, o esquecimento, a morte, o nascimento. O fígado de Prometeu revela-se, assim, como a própria matéria humana, energia que, tal qual o fogo, se consome, mas se renova e se regenera. E recomeça.

Capítulo 1
Vidas efêmeras, prazeres épicos

Oceanos e labirintos

Desde Homero, a metáfora do caminho serviu como guia para o pensamento, em sua busca pelo sentido da existência. A vida é o caminho; viver é caminhar. Na noção de caminho está implicada a ideia de direção, de alvo: um caminho nos conduz invariavelmente a algum lugar, e o passo a passo de qualquer caminho repete o ritmo da passagem irreversível do tempo. O caminho promove não apenas o movimento no espaço, mas também o deslocamento no tempo. O alvo adiante, o trajeto a percorrer e o tempo despendido no percurso propõem quase espontaneamente um problema: qual é o caminho mais curto ou, simplesmente, qual é o melhor caminho? Quer se trate de uma luta, de uma viagem no mar ou no terreno acidentado de um campo de batalha, a busca pelo melhor caminho exige sempre a interpretação de sinais. No mar, as estrelas e a passagem dos dias e das noites são sinais que guiam as rotas, mas apagam sem cessar todos os antigos rastros. Na terra, as pegadas dos antepassados, suas marcas e seus vestígios, indicam passos previamente dados, trilhas várias vezes percorridas.

Se viver é seguir um caminho, existe sempre a possibilidade de reconhecer os sinais e as pistas deixados pelas vidas já trilhadas. Os passos das pessoas notáveis do passado rabiscam uma espécie de mapa que nós, viajantes perdidos pelas muitas regiões da existência, costumamos usar como guia, na esperança de revivermos essas grandes vidas. Infelizmente, essa esperança é vã; uma vida não pode ser refeita nem revivida. Vidas, como mapas, são sempre circunstanciais, precisam ser sempre atualizadas, corrigidas, complementadas. Uma prova disso nos é dada pela mera utilização de um guia turístico. Qualquer turista sabe que não há mapa que corresponda exatamente ao lugar que representa. No mundo real, há sempre mais ou menos ruas e prédios do que as ruas e os prédios de um mapa; ruas desaparecem, prédios são demolidos. E, se o turista aprendiz não fizer um uso imaginativo do guia, paralisado pela indecisão ou fascinado pelo mapa, pode até nem sair do aeroporto.

Na Grécia antiga, a tradição poética — revista pela tragédia e questionada pela filosofia — ofereceu vários modelos que se tornaram as grandes referências para responder à questão sobre como devemos viver. Vejamos o caso de Helena e Odisseu. A vida poética de cada um deles — o caminho que escolheram, os desvios que alteraram suas rotas, os atalhos que os trouxeram de volta — conta, obviamente com mais intensidade, episódios da vida de qualquer um de nós. Mas ali, naquelas vidas exemplares, estão comprimidas todas as promessas, as ilusões, as alegrias, as experiências transformadoras, os riscos e os sucessos, a sorte e os desastres a que a existência humana inevitavelmente está exposta.

O oceano, essa bela e terrível região da natureza, sempre igual e sempre diferente, com suas ondas apagando incessantemente as marcas dos percursos anteriores, remete, de certo modo, ao labirinto: a bela e terrível invenção humana, também sempre igual e sempre diferente, em que a mesma rota se repete nos diferentes corredores. São esses os dois principais modelos que os gregos nos oferecem para refletir sobre o caminho da existência humana. Odisseu, o herói do oceano, busca o caminho de volta para casa, mas se perde no mar em uma viagem que o leva até as fronteiras do humano. Teseu, o herói do labirinto, depois de vagar pelos infindáveis corredores até o centro da maligna construção e matar o Minotauro, utiliza o fio de Ariadne para encontrar a saída e se livrar das miragens das rotas idênticas.

Todos os caminhos — sem exceção — têm seus desvios, suas bifurcações e são, no fundo, labirínticos e marítimos. Daí o ser humano ter necessidade de buscar o fio de seu caminho, ou o mapa que o ensina a evitar o desvio, o engano, a errância. A ética é o modo de escapar deles, de viver de acordo com os valores que nos guiam, o nosso fio ou o nosso mapa de existência.

Se viver é estar lançado no oceano ou perdido no labirinto, viver sem fio ou mapa é viver entregue à errância, sem saber de onde se veio nem para onde se vai; é transformar a vida em um extraordinário desperdício. O fio ou o mapa nos encaminha para escolhas que envolvem, inevitavelmente, prazeres e dores. Eles estão no centro das questões existenciais e éticas desde os gregos até nós.

Helena, Aquiles, Odisseu

Helena seguia um caminho brilhante, bem distante do caminho ordinário dos mortais. Divina, ela estava no topo da fama, da riqueza, do poder. Era tida pelos gregos como privilegiada, abençoada pelos deuses; em uma palavra, era feliz. No entanto, "feliz" não significa, como poderíamos imaginar, livre de acidentes e males que infestam a vida humana. Tanto que os benefícios divinos não impediram que Helena fosse vítima de um desastre. O Destino — a brutal imprevisibilidade da sorte — desviou Helena de seu caminho brilhante. Páris, o príncipe de Troia, cruza sua vida, a paixão toma conta de Helena, e lá se vai ela, seguindo as pegadas do amante, na rota incerta do mar. Para resgatá-la, singrarão atrás dela todos os exércitos gregos.

Se quisermos saber como tudo começou, encontraremos lá também a maçã, vermelha e brilhante na mão de Éris, a Discórdia, a deusa dos conflitos. Éris lança o doce fruto, a promessa de prazer, para "a deusa mais bela". Atena, Hera e Afrodite disputam o presente. Caberá a Páris a difícil decisão: com qual das deusas deve ficar a maçã. Atena promete-lhe a vitória nas batalhas, Hera, a soberania, e Afrodite, apenas... Helena. Páris não hesita: escolhe a mais bela mulher do mundo. Coisa única, envolta em manto de púrpura, como uma maçã. Estamos nos bastidores motivacionais da Guerra de Troia. Lá, algumas figuras se destacam: Eros, Éris, Ares: paixão, conflito e guerra. Onde um começa e o outro termina? No vermelho da maçã ou no sangue da batalha? Afrodite tem a posse da maçã. Em breve, tudo estará consumado.

A Guerra de Troia é, portanto, desencadeada e mantida por uma única causa: Helena. Todas as histórias decorrem desse acontecimento fundador — *Ilíada* e *Odisseia* — e formam o fundo narrativo de onde o Ocidente emergiu. Todos nós somos descendentes de Helena. E só por causa dela, por causa daquele pequeno acidente de percurso no meio de seu brilhante caminho, somos quem somos.

Os tantos perigos no caminho não intimidam o herói homérico. O trajeto impõe-se de modo absoluto a despeito de todos os obstáculos. Como um tapete — perigoso e traiçoeiro —, o caminho épico estende-se na frente do herói, e pisá-lo é inevitável. Mesmo que o herói se recuse a seguir o rumo dos acontecimentos e se retire de cena fazendo greve de bravura — como fez Aquiles —, ainda assim, o caminho continua, segue em frente por sua conta, num ritmo implacável. O caminho da existência, como o coração, bate e para de bater à nossa revelia. Resta sempre — precisamos reconhecer isso — uma última saída para o herói grego e também para nós: a abolição de todos os caminhos. E, muitas vezes, a morte não é a pior coisa que pode acontecer a uma vida. Há muitas coisas bem piores que a morte. A mais extrema delas, a morte ética, torna a vida indigna de ser vivida. Nesse caso, morrer, para o herói épico, é uma necessidade auspiciosa.

Aquiles decidiu qual caminho tomar diante de uma encruzilhada. Por mais que seus prazeres, seus impulsos, sua indignação estivessem incitando-o a agir, a força que determinou a decisão não veio dele mesmo, mas de fora, na forma de uma divindade. O que chamamos de consciência moral surge, assim, totalmente idealizada. Com sua autoridade de potência divina, ela pesa na balança do julgamento e impõe uma direção a seguir, direção reconhecida por Aquiles como obrigatória. Por essa ambiguidade, tanto podemos dizer que Aquiles fez uma escolha livre como podemos dizer que a deusa o forçou a tomar a decisão.

Odisseu marca uma diferença significativa no modo como o processo de tomada de decisão é representado na tradição épica. Em um momento especial, no final do poema, já em casa, disfarçado de mendigo, ele escuta ofensas de serviçais e, como Aquiles, é tomado por um forte impulso para reagir violentamente. O poema, dessa vez, não mostra uma divindade intervindo diretamente no processo de decisão. Odisseu fala consigo mesmo, controlando seus impulsos: "Contenha-se, meu coração, contenha-se..." De Aquiles a Odisseu, alguma coisa mudou nesse modo de entender a ação humana. Esta agora se aproxima mais da aceitação da fragilidade humana que da intervenção divina.

Aquiles, os prazeres da ira

Comecemos com uma célebre cena do poema homérico *Ilíada*. A ação é apresentada simultaneamente em três ângulos. Vou desmontá-la para mostrar o que há dentro dela. Desse modo, podemos observar como o herói épico toma uma decisão. Como a vida ética se alimenta de escolhas, assistir a como ocorre um processo de escolha é o primeiro passo para a compreensão da origem da ética grega e do lugar que ocupa o prazer nesse processo. Aquiles, o herói da *Ilíada*, está em uma encruzilhada, seu caminho foi interrompido por um acontecimento inesperado. Famoso por sua ira, ele terá que fazer uma escolha em um momento de máxima tensão existencial e dramática.

A cena está na abertura do poema. O cenário é a Guerra de Troia. A situação permite que, em um relance, percebamos o que significa para o herói épico estar em uma encruzilhada do Destino, ou seja, o que acontece quando ele se vê diante de um dilema. A situação dilemática é como um caminho que se bifurca. A resolução do dilema — a decisão — conduzirá Aquiles a uma das duas direções e trará consequências das quais ele não terá como escapar.

Eis a cena: Agamenon, vendo-se obrigado a devolver sua presa de guerra, Criseida, busca compensação equivalente e resolve se apossar do prêmio de Aquiles, Briseida. Enfurecido pelas palavras ameaçadoras de Agamenon, Aquiles coloca a mão na espada e está prestes a arrancá-la do alforje. Contemos alguns segundos e observemos sua mão em *close-up*. Ela continua lá, parada, segurando o cabo da espada, mas, trêmula, parece hesitar entre desembainhá-la ou não. Alguns instantes depois, a mão relaxa a tensão e solta a espada: a decisão fora tomada.

Essa é a cena apreendida pela perspectiva de Agamenon e dos outros soldados gregos. Mas o poema nos fala de coisas que não poderiam ser visíveis a todos. O poeta nos diz que no peito do herói o "coração oscilava indeciso sobre retirar da cintura a espada afiada e, dispensando os presentes, investir contra Agamenon, ou conter sua fúria sanguinária, dominando seu *thymos*". O *thymos* é um órgão simultaneamente físico e psicológico, semelhante, no modo como hoje nos referimos, a nosso "coração". Estamos vendo, portanto, outro embate, travado agora dentro do corpo do herói, no campo de batalha de seu peito. O que chamamos de fenômeno psicológico aparece aqui misturado com o fisiológico. Tudo é corpo: o ódio é um líquido espesso que escorre pela boca; a raiva é feita de fogo e brilha nos olhos; a contensão comprime o diafragma e embaça o ar. Aquiles prova nos lábios o gosto da raiva, que sobe pela garganta como fumaça, mas é muito mais doce que o mel. Os presentes veem apenas o efeito disso nos traços de tensão e prazer que se desenham nos lábios do herói; o fogo intenso de sua ira arde em suas entranhas e alcança seus olhos lançando centelhas; esse brilho — e apenas ele — é visível aos soldados gregos, e uma respiração ofegante espalha um vapor quente em torno do guerreiro.

O conflito entre Agamenon e Aquiles aponta para uma dimensão afetiva que sustenta as relações sociais na Grécia arcaica: a dimensão da *charis*, os prazeres da graça. Pela experiência do prazer compartilhado e recíproco, ela sustenta os vínculos sociais de lealdade e obrigação. A caridade cristã, que conhecemos derivada da palavra grega *charis*, tem um sentido bem diferente. A nossa caridade é sempre voluntária e altruísta, enquanto a grega compromete diretamente os desejos e prazeres do agente. A *charis* é uma troca, um intercâmbio de prazeres. É a disposição para retribuir o prazer recebido. Não um prazer privado, mas público. Articulado às convenções sociais, ele surge como uma obrigação de reciprocidade nos benefícios que, quando não é cumprida, torna essa recusa extremamente reprovável.

Os prazeres da *charis* não se resumem, no entanto, à troca de benefícios e favores; eles envolvem também a beleza. Pessoas, poesias e coisas belas estão sempre banhadas pela *charis* e se mostram, por isso, radiantes. Belos objetos também podem fornecer o prazer da *charis*. Esse prazer provoca sempre uma reação, uma resposta. A *charis* designa tanto a coisa que provoca o prazer quanto a própria reação. Como vimos, a experiência emocional de Aquiles não pode ser reduzida à experiência subjetiva e privada. A linha que separa o sujeito do objeto aqui é imprecisa. Assim, a fonte do prazer e o prazer não podem ser separados. Nesse caso, a *charis* é uma disposição psicológica para reagir diante de uma situação de prazer em um contexto público, e não se resume a um sentimento passageiro, que pode ser facilmente esquecido. Os prazeres da *charis* ficam vivos na memória, e, nesse sentido, seu esquecimento é uma ofensa ao doador da graça. O *thymos* do ofendido ferve de raiva até que o equilíbrio seja restabelecido.

Esse desequilíbrio nas relações mantidas pelos prazeres da *charis* deixa exposta a fragilidade da condição humana. Um acontecimento da *charis* que surge por razões éticas ou pela beleza gera uma espécie de desamparo. O abalo que a pessoa sente força-a a buscar o reequilíbrio, a compensação. Se esse prazer não é recebido de volta, a integridade da pessoa está ameaçada. Isso explica a reação violenta de Aquiles. Os sinais de desejos clamam por satisfação imediata, mas Aquiles reflete, pondera, medita se deve ou não sacar a grande espada de bronze da bainha.

Os sinais incompletos visíveis na figura de Aquiles são como pedaços que compõem o que os gregos chamavam de *symbolon*. Um *symbolon* é uma peça de cerâmica que, partida, pode, pela reunião de suas partes, testemunhar, por exemplo, um acordo anteriormente firmado. Assim, quando se partia um objeto e se entregava a alguém uma parte dele, um compromisso era assumido, uma promessa era feita. Analogamente, será preciso juntar os pedaços externos e internos do *symbolon* de Aquiles para termos uma visão quase completa do que está acontecendo com ele. "Quase" porque, surpreendentemente, nem todas as peças estão dispostas no tabuleiro. O que vimos foi o desdobramento do ocorrido no plano humano, mas o plano humano não esgota o plano da natureza. Um terceiro pedaço do *symbolon* precisa ser juntado para revelar a cena inteira.

Enquanto permanece na indecisão, Aquiles sente um violento puxão nos cabelos. Agarrado por trás, imobilizado por uma força descomunal, ele logo se dá conta, pelos raios de fogo que emanavam dos olhos da criatura que o agarrara, de que se tratava de uma divindade — no caso, a deusa Atena. Ela, no entanto, não se permite ver nem permite que sua voz seja ouvida pelos presentes. Somente Aquiles assiste à cena brutal e participa. Ele diz então à deusa: "Vieste a Troia para testemunhar os ultrajes que Agamenon acaba de me fazer? Pois vou dizer-te o que farei. A arrogância dele vai lhe custar a vida, pois vou matá-lo agora." Travando o movimento do herói, a deusa então sussurra em seu ouvido: "Refreia tua cólera, larga essa espada. Vinga-te, sim, mas com palavras ofensivas. Prometo-te prêmios três vezes mais belos se obedecer-me..." A mão forte, enfim, solta o cabo da espada, e esta encaixa-se na bainha de uma vez por todas. A decisão enfim fora tomada. Então ele se vira para Agamenon e vocifera: "Bêbado, que olha como um cão e reage como uma corça. Nunca usaste a armadura para a luta, nunca buscaste o confronto. Temes a morte, covarde! Devorador de teu próprio povo! Irás devorar por dentro teu próprio coração em desespero por ter retirado a honra do melhor dos gregos." O profundo prazer da *charis*, que é ter seu prestígio reconhecido, é recusado a Aquiles. Lançando no chão o cetro — símbolo do poder e da palavra —, ele jura que jamais tomará parte na guerra novamente.

Ultrajado, retira-se do campo de batalha. Sente-se mutilado, arde de raiva e vergonha. Enquanto Agamenon não sofrer humilhação equivalente bem no fundo de seu *thymos*, Aquiles não terá seu prazer retribuído, não terá experimentado a *charis* da satisfação. A dor de Agamenon fornecerá o prazer de retribuição para Aquiles. Enquanto isso não acontece, Aquiles fica à margem da guerra. Perde seu lugar no mundo. Não poderá seguir seu caminho natural de volta para casa sem que perca sua identidade de guerreiro glorioso. Não poderá voltar ao combate que lhe daria a glória, pois seria lutar em favor do rei que o humilhara. Aquiles está desencaminhado, sem escolha. Dali por diante, será sempre um ser sem lugar no mundo, um habitante das fronteiras, um *outsider* do mundo homérico.

A escolha de Aquiles é compreensível no contexto de reciprocidade dos prazeres da *charis*. Ele alega que "não recebeu a *charis* que lhe era devida". Agamenon teria violado o código dos prazeres mútuos. Teria rompido com a convenção da reciprocidade entre iguais ao se apossar de um objeto de prazer de Aquiles. E, como não o compensou com algo que pudesse constituir a *charis* para Aquiles, ele não retornou mais à guerra.

Odisseu: os prazeres do retorno

A nova atmosfera ética da *Odisseia* pode ser sintetizada em um nome: *sophrosyne*. A *sophrosyne* — traduzida geralmente como temperança ou moderação — é uma virtude grega por excelência. De uma forma sintética, é a harmonia paradoxal entre paixão mais intensa e perfeito controle. Na trajetória de Odisseu, essa noção de controle das paixões, de resistência aos impulsos emocionais, desempenha papel fundamental. Não por acaso os gregos viam em Odisseu e na *Odisseia* um modelo inspirador para o exercício da *sophrosyne*. Mas ele não é apenas o herói moderado. Sua notável capacidade intelectual de resolver problemas práticos faz dele o herói engenhoso, o herói da astúcia. Na encruzilhada dessas duas virtudes, a *sophrosyne* e a astúcia, nós o reconhecemos.

Os primeiros versos da *Odisseia* evocam as ideias de retenção e controle. Ali, Atena nos informa que a deusa Calipso impede o retorno do herói a sua casa e ao mundo humano. Calipso retém Odisseu, "ardendo em desejos de tê-lo como marido". Do verbo *kaluptein*, esconder, Calipso traz no nome seu artifício: ela é "aquela que esconde, que oculta". Além de esconder Odisseu dos olhos dos outros mortais, ela oculta do herói seus próprios desejos. Como diz Atena, o amor da deusa pelo mortal a faz "procurar reter o infeliz para que se esqueça de Ítaca". Se esse esquecimento se consumar, a presença de Odisseu no mundo seria para sempre apagada. O desvio que o levou à ilha da divindade coloca-o no limite entre a vida humana e sua memória, a vida anônima e seu esquecimento.

A deusa oferece a Odisseu a imortalidade, mas o herói, surpreendentemente, a recusa. Essa recusa de Odisseu de início parece incompreensível. Quem recusaria a imortalidade? E, mais profundamente: em favor de quê? É certo que a imortalidade prometida por Calipso poderia livrar Odisseu da morte, mas não do anonimato. Mesmo que aceitasse a oferta, ele não se tornaria um deus. Permaneceria sempre vivo ali, mas morto para o resto do mundo — o resto humano do mundo. É evidente que isso é um problema para um herói. Viver na obscuridade do esquecimento é jamais conquistar a glória que o faria resplandecer e perdurar na memória dos homens. Entre a imortalidade anônima e a glória eterna — ainda que meramente humana —, Odisseu escolhe, mais uma vez, o caminho do retorno, com seus sofrimentos e riscos.

Os sofrimentos do retorno são as consequências da renúncia à imortalidade, ou seja, dizem respeito à vida mortal. Nesse sentido, a escolha de Odisseu o coloca em contraposição a Aquiles. A renúncia revela-se uma escolha, não apenas humana, mas a única escolha humana possível. Odisseu afirma que não tem mais prazer com a deusa e que só a contragosto se deita com ela. De alguma forma, ele resiste ao que aparentemente é irresistível: os prazeres de Afrodite.

Esse é o sentido do retorno de Odisseu, a errância transformadora e a descoberta do que é propriamente humano. É isso que o faz resistir, dominar-se e, assim, reconhecer-se na precariedade da existência humana, encontrando nela seu lugar e seu prazer correspondentes. Odisseu é, portanto, o herói que aceita as fronteiras. Não apenas porque, religiosamente, não é permitido transgredi-las, mas, principalmente, porque aceitá-las é o primeiro passo para conceber o horizonte humano de modo positivo.

Mas esse retorno de Odisseu, da ilha da deusa Calipso até Penélope em Ítaca, não é uma rota simples. Ele terá que enfrentar no percurso as encruzilhadas de vários caminhos. Assim como Odisseu se transforma, a geografia também muda. Passa de uma paisagem sobrenatural para o cenário natural e humano. Nesse cenário, a ação impulsiva e irrefreável abre espaço ao controle e ao equilíbrio. Essas mudanças refletem um aprendizado. O herói, que vai até o mundo dos mortos, renasce, no sentido de que, ao rejeitar a imortalidade, aceita a morte como parte integrante da vida humana.

Náufrago e nu como nasceu, desfigurado como um animal selvagem, anônimo como os mortos, Odisseu retorna ao mundo dos homens. Isso acontece, é claro, em uma terra estranha, a terra dos Feácios, um lugar entre o mundo dos deuses e o dos homens, entre o sonho e a realidade. Nesse espaço intermediário, Odisseu redescobre sua vida, ouve cantos sobre seus engenhosos feitos e canta ele mesmo para os presentes sua própria história. Na poesia que reconta suas aventuras, Odisseu se reconhece e se faz conhecer.

Sua chegada à ilha dos Feácios é o momento em que, transpondo limites, Odisseu se dá conta das consequências da recusa da imortalidade divina e da aceitação da precariedade da vida humana. Seu encontro com Nausícaa, filha do rei dos Feácios, deve ser visto como um momento de aceitação simbólica da vida humana por meio de uma transição. Esse encontro se dá sob o signo de uma divindade, Ártemis.

Vejamos a cena: Nausícaa e suas servas jogam graciosamente, enquanto, bem próximo dali, Odisseu dorme coberto de folhas. As moças reproduzem, com suas brincadeiras, o comportamento da deusa-virgem Ártemis com suas ninfas a correr pelas montanhas, ao longo dos rios, divertindo-se enquanto caça.

Odisseu dorme em uma região propícia para esse tipo de aparição. Ártemis domina os espaços fronteiriços, as margens entre a terra trabalhada e cultivada pelo homem e a natureza selvagem e bruta. As margens marcam os limites entre o humano e o não humano, o inumano ou o bestial. Essa diferença, no entanto, habita o próprio homem. O ritual da iniciação dos jovens na esfera da cultura supõe a domesticação de uma vida ainda próxima da animalidade. Ártemis, como guardiã das fronteiras, é quem permite essa transição do animalesco para algo assimilável e doméstico.

Os gritos estridentes das moças despertam Odisseu, e ele acorda para um mundo cheio de sinais ambivalentes, um mundo que ele não reconhece: "A que terra cheguei dessa vez? Que homens a habitam? São porventura selvagens violentos que desconhecem as leis, ou estrangeiros amigos que cultuam os deuses?" Para comprovar suas suspeitas, Odisseu resolve agir. Ao agir, ele provoca uma inversão. Ele passa a representar o que mais temia encontrar: a ferocidade animal, a brutalidade dos impulsos bestiais.

Quebrando um galho para cobrir o sexo, ele, "como um leão montanhês, caminha feroz, sem que nada, ventos ou chuva, possa detê-lo; centelhas são lançadas dos olhos; *atacando os animais que encontra, bois e ovelhas, ou mesmo corças* silvestres; impelido pela fome, avança contra rebanhos". Dessa maneira, Odisseu resolve "atacar" as moças de belas tranças, ainda completamente nu. Deformado pela salsugem marinha, ele parece assustador para elas. As moças correm aterrorizadas de um lado para outro até a margem do rio. Somente uma delas, a filha de Alcínoo, Nausícaa, ficou.

O verbo *mixesthai*, traduzido provisoriamente como "atacar", cria a ambiguidade fundamental na passagem. *Mixesthai* significa basicamente "entrar em contato", e, no contexto de um campo de batalha, "investir violentamente contra alguém". Aqui, entretanto, tem uma inequívoca conotação sexual, significando "ataque sexual". Assim, a atmosfera que a comparação intensifica é a de assalto sexual. O fato de Odisseu representar essa ameaça faz dele alguém que precisa ser reintroduzido no mundo humano. Alguém que precisa cruzar a fronteira que separa o não humano do humano, reconhecer esse limite. Um limite não apenas geográfico e religioso, mas também, e principalmente, o limite que faz do comportamento humano o contrário do impulso irrefreável do selvagem.

Na sequência da passagem, Odisseu toma cuidado para fazer Nausícaa perceber em seus atos os sinais evidentes de civilidade. Por exemplo, em uma situação como essa, seria esperado que se lançasse aos joelhos da jovem como um suplicante, mas, depois de pensar bem, ele decide falar-lhe de longe. Sabendo que um movimento abrupto poderia provocar a confirmação do ataque, ele resolve agir com palavras e diz: "Seus joelhos agora eu abraço, senhora; é mortal ou divina? Se for uma das deusas, é a Ártemis que a comparo."

A ambiguidade da passagem — que sobrepõe vários dos planos, o divino, o humano e o animal — duplica os personagens: Odisseu-Leão, Nausícaa-Ártemis, as Amas-Ninfas. A partir do cruzamento dessa fronteira embaralhada, Odisseu começa seu retorno ao mundo dos homens. No palácio de Alcínoo, Odisseu novamente precisa desfazer a confusão dos planos. O rei não sabe se o homem diante dele é um estrangeiro nobre em busca do caminho de casa ou uma divindade que trama outros fins. Mais uma vez, Odisseu precisa indicar o que separa os homens dos deuses e desembaralhar os sentidos.

Como deixar claro que não se é uma divindade? Qual seria o traço que distingue os homens dos deuses? Odisseu não tem dúvida, sua viagem o ensinou: é a precariedade da vida humana. Os seres humanos estão sempre movidos pelos apetites, esse enxame de desejos implacáveis que se renova a cada dia. Odisseu pôde assim declarar: "Em nada me assemelho aos deuses, sou meramente mortal." E, para dar uma demonstração inequívoca disso, acrescenta: "Agora deixai-me comer, apesar do sofrimento que sinto. Não há nada mais 'canino' que um odioso estômago, que ordena sempre que se lembre dele, por mais cansado e angustiado que se esteja. Vede: ele não se cansa de me obrigar a comer e a beber, fazendo com que me esqueça de tudo o que sofri. A única coisa que um apetite exige é o seu preenchimento, nada mais tem valor para ele."

Os apetites são descritos como feras internas que se impõem sem concessão, desviando os humanos de seus nobres sofrimentos e fazendo com que se esqueçam do humano e a humanidade seja tragada pelas necessidades de preenchimento incessantes do estômago. Os apetites e os prazeres têm, desse modo, uma função reguladora não apenas fisiológica, mas, fundamentalmente, religiosa, já que renovam constantemente a lembrança coercitiva dessa marca da inferioridade humana em relação aos deuses. Esse parentesco do homem com a animalidade torna problemática sua relação com seus apetites e prazeres. Por outro lado, os prazeres da *charis* fazem Odisseu desfrutar na festa a música, a dança, o conto, a bebida e a comida, e declarar que não há nada que forneça mais prazer do que quando a alegria perpassa por toda a comunidade. Nada pode ser mais belo do que isso. A experiência completa do prazer da *charis* é percebida pelos sentidos e pela mente como beleza. E cria vínculos entre as pessoas, favorecendo uma disposição para agir em função do prazer do outro.

Essa disposição não se dá sem o sentido de desamparo que a *charis* fornece. Quando Odisseu aparece diante de Nausícaa banhado da faiscante *charis*, a reação dela ao contemplá-lo só poderia ser de deslumbramento. O prazer a deixa desamparada, indefesa. A luz faiscante produz uma irresistível atração erótica para os gregos. A *charis* não se confunde com a beleza comum; há algo de divino nela, no prazer intenso que fornece.

A reação é correspondente: Nausícaa conduz Odisseu para onde ele mais deseja ir, ao palácio do pai dela, Alcínoo. A natureza social dessas ocasiões convida o indivíduo a perceber a natureza mútua dessas experiências, que são, em seu ápice, coletivas porque contaminadoras. A dança, a competição, a juventude, um certo sentimento de proximidade com o divino e a prosperidade são ocasiões privilegiadas nas quais o espaço do prazer humano é reconhecido e valorizado.

A *Odisseia* não demarca apenas as fronteiras do humano em sua relação com o divino ou com o não humano em geral, mas traça também outro mapa, o dos impulsos, das forças que se apoderam dos homens, impondo-lhe excessos. Encontramos no poema a matéria para a reflexão ética, segundo o exemplo de Odisseu, para a construção de uma vida humana, precária, mas nem por isso destituída de glória.

Um episódio cantado por Demódoco, o cantor cego do reino dos Feácios, fala de uma derrota de Afrodite diante dos deuses. Dessa vez, ela é casada com Hefesto, o deus rejeitado pela mãe, manco e sem atrativos, mas que se destaca pela técnica. Ferreiro e artesão, é um incansável construtor de maquinarias. Se Afrodite, com sua astúcia, maquina planos eróticos, Hefesto fabrica máquinas reais.

No canto, Demódoco conta-nos da armadilha que o marido traído, Hefesto, constrói para se vingar da esposa infiel. Afrodite e Ares fazem da guerra e do sexo pares complementares em intensidade. Hefesto constrói uma rede que prende os amantes na cama em pleno ato amoroso, e convida os deuses para assistir ao improvável espetáculo. As duas divindades que provocam a fúria sanguinária e o desejo sexual incontrolável surgem agora imobilizados, expostos aos olhares impiedosos dos deuses. A vergonha e o ridículo a que são expostos os deuses que motivaram a Guerra de Troia parecem anunciar que a volta para casa de Odisseu promete um tempo de paz e desejos moderados.

A figuração dessas duas forças incontroláveis, Ares e Afrodite, então paralisadas, tem um sentido simbólico e revelador. Ares, a fúria sanguinária da guerra, e Afrodite, a paixão sexual irresistível, que tinham livre curso na *Ilíada*, são apresentados agora, na *Odisseia*, destituídos de seus poderes ilimitados: presos um ao outro, em uma cama-armadilha, em pleno ato sexual, vítimas de seu próprio poder.

A mudança ganha amplitude se substituímos as duas divindades pelos dois personagens centrais da *Ilíada*, Aquiles e Helena. Enquanto na *Ilíada* eles também são vistos como figuras da impetuosidade, na *Odisseia* aparecem tão imobilizados no plano da ação quanto Ares e Afrodite na cama. Aquiles surge, entre os mortos, no Hades, lamentando seu funesto destino, e Helena, convertida em boa esposa, lamenta, enquanto tece, os acontecimentos de seu passado nefasto. Em suma, respiramos outro ar na *Odisseia*, uma nova atmosfera ética. Uma nova relação dos personagens com seus impulsos, desejos e prazeres, como veremos em detalhes a seguir.

Mas, se o poder de Afrodite e o comportamento de sua protegida Helena são olhados agora de um ponto de vista crítico — e masculino —, a reabilitação de ambas está prestes a ocorrer em um ambiente improvável: uma sociedade de culto centrada na mulher, *filógena*, por assim dizer. O *thiasos* de Safo recupera a força suprema de Afrodite para uma experiência poética que revela uma nova maneira de conceber a vida e os prazeres. Antes de tratarmos diretamente de Safo, perguntemos: quem realmente é Afrodite?

Capítulo 2
Relíquias do jardim de Afrodite

Os prazeres de Afrodite

De todos os deuses, Afrodite é a mais objetiva. Suas ações são de absoluta evidência: são os atos da paixão e do prazer. O verbo grego *aphrodisiazen* nomeia a ação sexual, e a expressão *ta afrodisia*, "as coisas de Afrodite", designa simultaneamente todas as ações sexuais. Herdamos dele o termo "afrodisíaco", que atribuímos àquilo que tem o poder de despertar o desejo. Embora os meios que Afrodite utiliza para realizar seus atos possam ser indiretos e vagos, os efeitos desse poder são contundentes e violentos. Invisível, ela penetra pelos olhos; imperceptível, invade a mente; contagiosa, instala-se no corpo como uma doença; reflexiva, ocupa o pensamento em forma de demência. Não aceita recusa nem adiamento: exige, obriga, impõe. Em compensação, oferece os mais perfeitos instrumentos para a realização de seus decretos: favorece a persuasão, incita a sedução e libera, enfim, o poder oculto das palavras, mesmo para aqueles que jamais tiveram qualquer dom de falar.

Na realidade, essa capacidade que o apaixonado tem de persuadir é ambígua. A pessoa apaixonada também é vítima desse poder, está submetida a ele. Por isso não consegue deixar de mencionar o nome do objeto de sua paixão, de louvá-lo — ainda que inadvertidamente —, de evocá-lo inconscientemente por metáforas e imagens. Até as mais obstinadas criaturas, movidas pelos mais altos ideais da honra, cercadas de todos os cuidados com a imagem pública, sucumbem a seu poder. O caso exemplar é o da imaculada Fedra na tragédia *Hipólito*, de Eurípedes. Percebendo que estava dominada por uma paixão violenta por seu enteado, Hipólito, ela tenta de todas as maneiras dominar seu desejo, vencê-lo, resistir a ele. De início, decide calar-se, mergulha em um silêncio sinistro, mas sua língua a trai e ela acaba mencionando, por acaso e por necessidade, o nome do amado, revelando assim o que desejava ocultar. Diante desse fracasso, ela resolve então confrontar a paixão, mas seu corpo não suporta o combate contra o inimigo invencível. Acaba encontrando a única saída na morte por enforcamento.

Afrodite nunca está sozinha, vem sempre com seu séquito. Eros, a paixão, nasceu de seus passos e a segue o tempo todo. Por isso, por estar sempre com ela, muitas vezes é visto como seu filho. *Himeros* e *Pothos* são outros seguidores, a doce atração sexual e a ânsia de rever a pessoa amada, respectivamente. Há ainda as Cárites, esse trio de fomentadoras dos prazeres inebriantes, das alegrias coletivas e recíprocas, do encanto da dança, do canto, das flores, dos incensos. Cada uma dessas divindades redimensiona e potencializa um aspecto dos prazeres de Afrodite, mas a deusa reclama para si o processo erótico completo, do início ao fim. Nascida da mistura da espuma do mar com o sangue e o esperma desperdiçado pelo membro castrado de Urano, ela não nasce de união sexual. Pelo contrário, nasce da castração do macho. Sem pai nem mãe, emerge das profundezas para a superfície. Pisa a areia do Chipre com seu manto de púrpura. Púrpura, esse pigmento raro retirado dos moluscos incrustados em grutas das profundezas do mar, é também a cor de seus símbolos, a rosa e a maçã.

Ainda que possa parecer chocante a existência de uma divindade dedicada exclusivamente a propósitos sexuais, seu modo de manifestação, no entanto, não *nos é* tão estranho. Reconhecemos facilmente em qualquer pessoa apaixonada certa alteração da consciência, a obstinada insistência em certos pensamentos, a tendência aparentemente irresistível de usar certas palavras associadas à pessoa amada; essas mudanças psicológicas costumam ser acompanhadas de fenômenos físicos incomuns: rubor nas faces, palpitações, suores, tremores, calafrios, desmaios. Para os gregos não havia dúvida quanto a esses sintomas: são sinais inequívocos de que a deusa e seu séquito estão instalados na pessoa. Eles chegam de fora, sem aviso, e ocupam o interior mais íntimo da pessoa apaixonada, que começa a agir como se manifestasse não o que carrega consigo, mas algo de outra natureza, de origem não exatamente humana. A paixão revelaria, assim, um mundo que só ela tem o poder de apresentar. Depois que se extingue, o mundo criado por ela também se esvai, desaparece como surgiu, deixando apenas cartas, objetos, frases e lembranças completamente vazios de sentido.

O poder de Afrodite só tem paralelo com o de Ares, o deus sanguinário da guerra. Ambos levam os humanos a um estado de fúria que só pode ser aplacado com a morte. Todos os guerreiros são semelhantes a Ares, e a morte gloriosa torna cada um deles um substituto de Ares, cultuado como tal. Sexo e guerra estão ligados, portanto, por laços de equivalência. A paixão sexual que arrasta Helena em direção a Troia corresponde à fúria que lança batalhões de soldados à carnificina da guerra. Tanto a paixão sexual quanto o ardor do guerreiro são irresistíveis. Afrodite gaba-se de não ter rival; ninguém pode afrontá-la, nem os próprios deuses. O desejo erótico e a ira fornecem prazeres irresistíveis — Aquiles e Helena que o digam.

A poesia de Safo orbita em torno da figura solar de Afrodite, e um universo inteiramente afrodisíaco surge desse movimento, no qual Helena é a heroína imaculada.

O *thiasos* de Safo

Os fragmentos que nos sobraram da poesia de Safo são relíquias de um mundo estranho. Como sabemos muito pouco sobre o contexto em que esses poemas foram compostos, a alternativa para recuperação desse mundo distante é extrair dos próprios fragmentos uma realidade histórica verossímil. Essa reconstrução implica, entretanto, a demolição de vários falsos monumentos erguidos em seu nome. Um deles é uma "miragem": chamamos sua poesia de lírica, mas entre o que modernamente entendemos por lirismo e a poesia de Safo não há nada em comum.

A poesia grega arcaica é fundamentalmente oral, performática, composta e executada em função de determinadas situações sociais e políticas, como festivais ou banquetes. É uma poesia inseparável, portanto, de certos aspectos da vida social. Na tradição da nossa literatura, o lirismo está associado à meditação, ao confessional, ao introspectivo. A concepção moderna de lirismo como "exposição dos sentimentos pessoais" é incompatível com o modo performático e oral da poesia grega arcaica.

Além disso, como já observamos, os gregos arcaicos não experimentavam uma separação nítida entre o físico e o psicológico. Não desfrutavam de uma interioridade pessoal bem delimitada. O "subjetivo", nesse caso, é um conjunto muito amplo de forças que não se limita a um espaço interno fechado sobre si mesmo, mas que se abre para outro campo de forças. Vimos anteriormente como o *thymos* de Aquiles é um órgão físico, mas manifesta emoções como a fúria, assumindo a função de órgão psíquico. Nessa estranha fisiologia, os órgãos sofrem intervenção de forças sobrenaturais, que desencadeiam, de fora, processos reflexivos, emotivos e sentimentais. Trata-se, pois, de uma "interioridade" que não é outra coisa senão a face interna da exterioridade.

O cantor movido por inspiração das Musas é um exemplo típico da experiência em que o autor não se reconhece como responsável por sua própria criação. Vê o seu canto como algo insuflado por divindades de cujos favores depende para produzi-lo. A "inspiração poética", ou "entusiasmo", perdeu hoje essa dimensão religiosa. Passou a designar apenas o aspecto psicológico de uma ideia súbita, de um lampejo criativo, de motivação emocional, mas, em sua origem grega, designava a presença ativa de uma divindade dentro do cantor.

Tanto em Homero como em Safo encontramos a mesma unidade de corpo e alma. O que se altera na passagem de um a outro é o modo como a temporalidade é experimentada. Em Safo, o presente ganha, frente ao passado mítico, uma valorização e um foco especial de atenção: os aspectos ordinários da vida cotidiana passam a ter um contorno mais preciso, e a mutabilidade e a diversidade da existência ganham relevo especial. A partir dessa perspectiva, as emoções, os sentimentos, os prazeres e a dores atingem uma profundidade e um grau de tensão que não observamos em Homero.

Dizer que a poesia de Safo é performática implica dizer que foi composta oralmente para ser apresentada diante de um auditório, ainda que a escrita possa ter sido usada na forma secundária de registro. O auditório de Safo há muito causa estranheza e incompreensão por ser composto basicamente pelas moças de seu *thiasos*. Mas o que é um *thiasos*? De modo geral, é uma associação de culto. No caso de Safo, uma associação de culto a Afrodite e às divindades de seu séquito: Eros, as Musas e as Graças. Embora saibamos pouco sobre o *thiasos* de Safo, o que se deduz da leitura de seus poemas é que se trata de uma comunidade de culto feminina, cujas participantes estão ligadas por laços eróticos.

O grande helenista Ulrich von Wilamowitz-Moellendorff empreendeu uma verdadeira cruzada para impedir que o nome de Safo estivesse associado aos termos "safismo" e "safista", ou "lesbianismo" e "lésbica", que ganharam ampla circulação no final do século XIX, a partir de seu uso pelos médicos ingleses na classificação do "comportamento psicopatológico" de "francesas licenciosas". Sob a alegação de que a poetisa era "uma senhora honrada" — ou, como dizem, "de família" —, Wilamowitz pretendeu impedir que o homoerotismo fosse visto como o centro temático da poesia de Safo. No entanto, não há dúvidas: seus poemas tratam não apenas de uma comunidade religiosa de canto, dança e formação ético-pedagógica, mas também e fundamentalmente da relação homoerótica entre mulheres.

Há, portanto, um desdobramento do caráter cultual em comportamentos eróticos, artísticos e éticos. Tal desdobramento faz da vida no *thiasos* um treinamento para um estilo de vida que expressa os valores derivados dessa mesma prática cultual. Esse treinamento é fruto da intervenção direta das divindades cultuadas na vida diária do *thiasos*.

A religiosidade do *thiasos*, entretanto, difere bastante da religiosidade dos cultos oficiais da cidade democrática. Essa diferença lança luz sobre o mundo sáfico. Nos cultos oficiais, o comportamento religioso sacraliza e legitima a ordem política. A ligação do praticante do culto com a divindade implica um vínculo social por meio do qual ele se reconhece e é reconhecido. O indivíduo que porventura rompa esse vínculo com o culto da cidade perde automaticamente sua identidade social, sua individualidade; deixa de ser alguém socialmente.

As atividades dos *thiasoi*, de modo geral, têm finalidades diferentes e quase opostas ao culto da cidade. O *thiasos* de culto a Dioniso, por exemplo, promete ao iniciado uma experiência que se contrapõe diretamente ao culto da cidade. Não promete a sacralização da ordem social, mas, sim, a sua subversão. A experiência do êxtase dionisíaco cria a oportunidade para se transpor as fronteiras entre o natural e o humano, entre um indivíduo e outro. Explica-se assim por que o dionisismo era um culto eminentemente feminino. Como as mulheres eram praticamente excluídas das atividades políticas, cabia a elas dissolver os limites que separam o indivíduo da natureza e dos outros indivíduos.

Os participantes dos círculos dionisíacos buscavam, portanto, um tipo de liberdade não de cunho político, mas religioso. A liberdade que permitia cruzar as fronteiras para o lado onde nenhuma ordem pode ser estabelecida; liberdade de desfrutar um convívio íntimo com a divindade. Era essa a promessa que atraía os praticantes dos rituais báquicos. O *thiasos* báquico, guardadas as diferenças, aponta a rota de acesso ao círculo de Safo.

Por ser um culto a Afrodite, a promessa à participante inclui tanto o convívio íntimo com a divindade quanto a consequente abertura para uma nova perspectiva de mundo: novos valores, novas aspirações, novas linguagens; em suma, um estilo de vida *afrodisíaco*. A moça praticante, além de viver e de experimentar a liberdade de desfrutar o convívio íntimo com a divindade, treina esse modo de vida pautado em novos valores: nem viris, nem heroicos. Para que isso seja possível, a poesia de Safo promove uma inversão total da tradicional visão masculina da sociedade de guerreiros. Isso pressupõe a manipulação e a subversão dos códigos estabelecidos e a busca por um grau de liberdade especial em suas vidas. Tais aspectos encontram eco nítido no uso particular que Safo faz de Homero.

Não se trata apenas de um uso metafórico, mas da apropriação de temas, palavras, personagens. Safo apresenta-se, às vezes, como um guerreiro no campo de batalha, desesperado, clamando por Afrodite, pedindo ajuda e consolo. Faz ressurgir em seus poemas o par excessivo Ares e Afrodite, mas agora como casal divino: modelo erótico para todos os demais casais. Ares torna-se o noivo ideal (os noivos são descritos como "semelhantes a Ares"), e Afrodite, a noiva modelo para todas as noivas. Libertado da cama-armadilha homérica, o par serve às finalidades eróticas do *thiasos*.

Helena, a causa das calamidades da guerra em Homero, é a grande heroína de Safo. Descrita como alguém que ultrapassa a todos em beleza, expressando assim um privilégio, um dom divino, ela surge nos poemas completamente reabilitada e inocentada. Safo reconta sua história — ela foi arrastada e desviada pela deusa Afrodite para Troia, derrubando em seu caminho todos os limites sociais que conferiam a ela o papel de mãe, filha e esposa — e justifica seus atos: o impulso interno que moveu Helena na direção do amado Páris veio, na realidade, de fora, da deusa Afrodite. Helena não pôde resistir à força divina que se apoderou dela. Ninguém — muito menos uma participante do culto de Afrodite — poderia escolher outra caminho senão levar até as últimas consequências os caprichos da deusa.

Em um poema restaurado por Bruno Snell, Safo proclama quase em tom de desafio esse programa de inversão da tradição homérica:

Dizem uns que são os cavaleiros, outros os soldados,
outros os navios, o que há de mais belo sobre a
terra escura.
Para mim [o que há de mais belo] é o que se ama.
Isso é algo que qualquer um pode ver:
Helena, que ultrapassava todos os mortais
em beleza, abandonou o marido nobre
e singrou para Troia, e para a filha
e aos pais não deu nenhum pensamento.
Foi a deusa Afrodite que, com eros, a desviou.
E agora acorda-me na memória
Anactória, que está longe:
eu gostaria de ver seu modo gracioso de andar
e o esplendor radiante de seu rosto
muito mais do que os carros e os soldados da Lídia
armados para a batalha.

A subversão que Safo opera na imagem da beleza épica é explícita. A luz resplandecente dos grandiosos carros de guerra e das armaduras dos guerreiros mostra-se inferior ao esplendor radiante que emana do rosto de quem é amado. Palavras e personagens épicos assumem assim novas funções e novos significados. A beleza continua sendo o que brilha intensamente — como se observa em Homero —, mas agora aparece como uma dimensão privilegiada do olhar de quem ama. Há certa exclusividade na percepção da resplandecência do rosto de Anactória e de seu gracioso jeito de andar. Não é dado a todos percebê-la, mas de modo algum isso torna essa percepção "subjetiva" ou relativa. É uma visão privilegiada, fornecida pela divindade que, por sua natureza especial, produz um prazer intenso e imortal. Nesse sentido, os prazeres do mundo de Safo erguem uma ponte sobre aquela separação que vimos em Hesíodo entre prazeres humanos inferiores e prazeres divinos superiores. Os prazeres do *thiasos* são divinos na qualidade e eternos em sua temporalidade, tais quais as fontes de onde provêm.

A paixão erótica é o que permite esse modo superior de ver, dando acesso a uma beleza infinitamente mais intensa e prazerosa do que o brilho dos carros de guerra e das armaduras. Acima de todos os valores guerreiros ou citadinos, a beleza erótica ergue-se onipotente. Safo mostra ter plena consciência da ousadia de sua empreitada, mas a faz com segurança e firmeza. Na realidade, faz outra guerra substituir a primeira. Uma guerra mais silenciosa, mas não menos arriscada: a batalha erótica. Apenas nesse campo é possível obter vitória e ostentar o traço distintivo da perfeição.

Mas o que é a perfeição para Safo? De modo simples, podemos dizer que o perfeito é o que se *percebe* com perfeição: o que exalta a emoção, o que enche os sentidos de luz, produzindo assim um prazer equivalente. O perfeito, como o divino, brilha, irradia, ilumina, resplandece. O elemento vital para os gregos antigos não era o ar, mas a luz. Viver era simplesmente ver a luz, ser banhado por ela, desfrutar os prazeres que desperta. Morrer, ao contrário, era ser privado da luz, mergulhar na obscuridade. A vida, portanto, não pode ser concebida sem o prazer, como o dia não pode ser concebido sem a luz. Do lado da luz estão as divindades brilhantes como fogo, seus reflexos reluzentes nas armaduras dos guerreiros, no brilho atraente de um rosto; enfim, tudo o que enche os olhos e encanta os sentidos está cheio de luz e prazer. Na poesia de Safo, Afrodite e seu séquito espalham pelo mundo, pelas pessoas e pelas coisas as fulgurações da beleza. Essa manifestação plural e constante do esplendor da deusa refulge também, como veremos, no modo ético de vida sáfico. Uma ética das virtudes que brilham, como a mais cara a Safo: a *habrosyne*, a resplandecência.

A percepção do brilho é, consequente e imediatamente, prazer. É preciso insistir aqui neste ponto: a experiência do prazer entre os gregos não é uma mera sensação subjetiva, algo que acontece na privacidade de uma consciência, e, portanto, incomunicável. Essa é a visão moderna, a nossa, em que um sentimento diz mais sobre o sujeito do que sobre a coisa que a teria provocado. O prazer grego tem uma dimensão de objetividade e concretude que não pode ser eliminada. As divindades gregas que permitem a experiência de prazer estão no mundo, são imanentes — consequentemente, em última instância, os prazeres vêm do mundo.

Nesse sentido, os prazeres e dores têm um papel fundamental na forma de vida sáfica. Como exemplo, retomemos os prazeres da *charis*. Eles têm uma enorme importância social na cultura da Grécia arcaica. A palavra grega *charis*, da qual se deriva "carisma", é figurada como um conjunto tríplice de potências divinas, que se referem tanto à beleza (a graça propriamente dita) como ao prazer envolvido em uma relação recíproca. A imagem tradicional das três Graças em círculo em uma dança apresenta visualmente a ideia desse circuito ininterrupto de prazeres que enchem a vida de fascínio e beleza.

Além das Graças, o séquito de Afrodite inclui as Musas. São elas que distribuem os variados prazeres estéticos. Cada uma das nove Musas favorece um tipo de arte específico: dança, canto, música etc. Na poesia, por exemplo, tanto o cantor como as figuras dos deuses e heróis, assim como os demais participantes da performance incitada pelas Musas, entram em um jogo de permutas de prazeres da *charis*. Essa trama que tece os prazeres das artes com os prazeres recíprocos das relações humanas e os eróticos faz da paisagem do jardim do *thiasos* um microcosmo, um mundo autônomo pleno de sentido e de contentamento.

Colocar a beleza e o *eros* da beleza como valores supremos tem implicações éticas e sociais. A primeira delas é a instalação de uma nova ordem sagrada que deve fundar novas relações entre os pertencentes da comunidade do *thiasos*. Ali, no âmbito da experiência erótica com a beleza, a moça será reconhecida e se reconhecerá. A beleza que transborda a esfera do desejo e contamina todas as demais dimensões da existência deve perpassar todas as atividades e atitudes, deve ser buscada em cada gesto, no modo de andar, de se vestir, deve conduzir um estilo de vida, um jeito de ser; em suma, ela constitui um *ethos*. Se adotamos um ponto de vista pedagógico, o círculo de Safo assemelha-se a um tipo de escola de feminilidade destinada a transformar jovens em mulheres completas. Por meio da performance de canções, da música e das cerimônias de culto, elas aprendiam sobre o modo de se comportar e os segredos da elegância. Esse tipo de refinamento que combina adorno e atitude pode ser observado em vários momentos da poesia de Safo. Um exemplo: quando Andrômeda, uma rival de Safo, tenta levar embora a jovem Atis, Safo ataca a rival com crueldade ao descrever suas roupas como rústicas e campesinas.

Todas essas práticas giram em torno da *habrosyne*. Em Safo, ela assume uma importância central no mundo do *thiasos* pelo fato de cultivar e promover o brilho na sofisticação dos comportamentos, no requinte da sensibilidade, no modo de olhar e nas demais atitudes. Isso se explica pelo fato de a própria percepção ter sua origem nos raios luminosos que são projetados pelas coisas. As coisas emitem raios de luz que, ao se encontrarem com os raios provenientes dos olhos, as tornam visíveis. A medida da beleza de algo é a intensidade dos raios de fogo que são por ele emitidos. Compreendida em termos de graus de luz, a beleza tem seu grau máximo na beleza divina, a luz de fogo em estado puro. Entende-se, por isso, que um mortal não pode estar diante de uma divindade sem ser instantaneamente incinerado pelo fogo que emana dela, ou seja, ser consumido pela beleza em estado pleno. No *thiasos* de Safo, essa proximidade com a divindade é mediada pela poesia, que faz da *habrosyne* a virtude que é a condição para a individualização da existência na forma da resplandecência. Como podemos ler em um dos seus mais belos poemas:

> *Assim como a lua obscurece os demais astros*
> *pela sua luminosidade mais forte,*
> *em Sardis, entre as mulheres da Lídia ela resplandece*
> *como quando na aurora a lua de dedos rosados*
> *vence em luz a todos os outros,*
> *lançando sua luz pelo mar salgado até os campos florescentes.*

Essa qualidade propriamente *aphrodisíaca* é uma espécie de princípio necessário para a modelação de um estilo de vida construído nas vizinhanças da divindade. Tal intimidade com o divino não era comum na épica. Em Homero, a amizade entre deuses e homens existia, mas um abismo intransponível marcava fortemente os domínios exclusivos do sagrado. Em Safo, esses limites se distendem. Como diz Bruno Gentili, ela "transfere as divindades do mito — Afrodite, as Musas e as Graças — para um plano acessível à vida diária do *thiasos*: a divindade frequenta o *thiasos*", conversa com Safo, é sua cúmplice. Essa proximidade se expressa nos poemas em forma de epifanias. As aparições da deusa são descritas em uma atmosfera de profunda interação e intimidade. Na "Ode 1", por exemplo, depois das súplicas de Safo, Afrodite desce dos céus ao jardim em um carro puxado por pássaros, atende aos seus pedidos e promete corrigir uma "falta" cometida por uma amada. É Safo quem clama pela deusa e lhe pede que seja sua cúmplice na batalha. O verbo que traduzi por falta é o verbo *adikeo*, que significa, ordinariamente, cometer uma injustiça. Aqui, no entanto, no contexto ético-estético do *thiasos* de Safo, ganha outro sentido, o de não corresponder ao amor de alguém. E o que Afrodite promete é a restauração do equilíbrio, a restituição da reciprocidade, fazendo com que a moça corresponda ao amor de Safo.

A reciprocidade é outro aspecto essencial do amor sáfico. A visão masculina da competição, da dominação e da submissão determinou uma forma de expressão erótica em que o amor e a beleza são conquistados na luta por prestígio e poder. Nesse caso, há uma assimetria irredutível na relação erótica: alguém precisa dominar, alguém se submeter, a reciprocidade é impossível. É de certo modo o que acontece na pedagogia erótica masculina. O círculo de Safo oferece um novo modelo. Os laços homoeróticos no *thiasos* não eram assimétricos, e a reciprocidade era uma necessidade. Como já se observou, na poesia de Safo há um processo constante e sutil de deslizamento entre as vozes e de deslocamento na posição dos sujeitos. "Eu", "você", "ela" não são claramente diferenciados, nem as posições fixas. Ao contrário, estão todos ligados em uma cadeia erótica polifônica em que há alternância de papéis. Em suma, o desejo circula, as posições se alternam, e o espaço entre as pessoas é preenchido por Eros e pela memória. Safo cria, assim, uma nova imagem da relação erótica, não como dominação de um sobre o outro, mas como um desejo erótico em que a reciprocidade é sua realização. Porém, não uma reciprocidade sem conflito, mas buscada em um conflito que incessantemente se renova, como se renovam as súplicas de Safo e as providências de Afrodite.

A poesia de Safo é, portanto, a expressão de uma dimensão da existência ao mesmo tempo erótica, ética e poética. Uma dimensão que resulta de um mergulho incessante no imediatismo do mundo, na valorização do acontecimento atual, tanto em sua variedade quanto em sua intensidade. O tempo é vivido em sua forma mais dilacerante: um presente absoluto dos prazeres, emoções e sentimentos plenos — as exigências de Afrodite.

Uma vez que não há como resistir a essas exigências, resulta que o corpo é perpassado por sentimentos duplos que aproximam polos opostos: vida e morte, luz e sombra. Essas experiências extremas são, entretanto, os meios de obtenção, pela proximidade com a divindade, da eternização dos prazeres. Assim, na "Ode 1", é Afrodite que pergunta: "O que tu sofres *novamente*? O que suplicas *novamente*?" E Safo responde, ao suplicar: "*Novamente* vem até mim." A reiteração é uma forma de reviver e perpetuar os prazeres. A aliança com Afrodite faz da repetição deles e de suas consequências dolorosas o meio de acesso privilegiado a um tipo de imortalidade poética: o presente eterno dos prazeres.

Assim como a existência da luz mais brilhante implica a da sombra mais escura, os poemas de Safo tratam do dilaceramento dos amantes. Eros, servo de Afrodite, move-se por meio da luminosidade da beleza, mas leva consigo um abismo de sombras. Um abismo no qual Safo se precipita sem opor resistência. Esse abismo é cavado pela duplicidade dilacerante de Eros — a quem ela chama de *glukopukros*, o doce-amargo — aquele que aproxima opostos, como a vida e a morte, a dor e o prazer. Mas nem a dor nem o arrependimento são compatíveis com a visão do Eros sáfico. Quando evoca a dor aguda da despedida é apenas para apagá-la com sua poesia.

A tradição quis ver Safo como uma proto-histérica, e sua poesia como a expressão de uma tristeza profunda, mas isso deve ser atribuído ao incômodo que a relação homoerótica feminina sempre causou em comentadores e intérpretes. Nem tristeza absoluta nem histeria têm lugar em seus poemas. É verdade que a experiência sáfica se localiza no limite da morte: um traço típico da experiência sáfica de Eros. Dessa experiência, ela nos fala no poema seguinte:

> *Quando te vejo*
> *minha voz desaparece,*
> *cala-se minha língua e um fogo sutil corre sob minha pele.*
> *Deixam de emitir luz os meus olhos,*
> *zumbem meus ouvidos.*
> *Cobre-me um suor frio.*
> *Pálida como feno,*
> *parece-me estar à beira da morte.*

Eros envolve o desamparo. Ele é promotor de uma experiência sem precedentes tanto na vida quanto na poesia. Daí

Safo ter tido a necessidade de inventar novos termos para formular essa nova visão de Eros. Ele cria sempre a possibilidade da separação ou a impossibilidade da aproximação, é gerador de dores, é doce-amargo; diante dele, a morte é sempre uma opção. Essa experiência no limite, que aproxima o prazer intenso e a dor mais aguda, promove o contato com uma beleza não humana, mas divina. A memória poética faz da beleza adquirida uma aquisição perene. Uma permanência que transpõe o limite da própria morte. A moça treinada no *thiasos* eventualmente vai embora, mas, apesar da passagem destruidora do tempo, ela será mantida presente na memória das pessoas pelo canto da poesia no jardim de Afrodite.

A experiência extremada do presente — seus contrastes de luminosidade excessiva e obscuridade profunda — é a condição para a eternidade. Ao contrário da épica Homérica, na poesia de Safo a memória não é a eternização do grandioso, das grandes façanhas, mas a *reatualização* dos momentos eróticos compartilhados, dos quais não apenas fornece a lembrança, mas os faz serem inteiramente revividos. Essa não é uma memória individual, psicológica, mas uma memória sacralizada pelas Musas, transindividual, que conserva intacta e plena a experiência dos prazeres.

A experiência erótica não é uma experiência discreta: é parte da vida comum do *thiasos* e de tudo que é compartilhado reciprocamente; por essa razão, a moça, em sua partida, deve se alegrar. "Vá tendo prazer e me mantendo na memória", diz Safo, "nós seguiremos com você!". Safo pede assim que ela se lembre dos acontecimentos passados, dos prazeres da *charis* desfrutados entre elas. Pois foi ela a primeira que dançou no culto de Eros, que carregou os objetos sagrados, que executou os ritos sagrados, como fez Helena junto às moças de Esparta.

Assim, quando ela se for, alguém irá tomar seu posto no *thiasos* e, presumivelmente, irá assumir também o lugar da preferência de Safo. Sua experiência de prazer, contudo, é indestrutível. O amor é uma espécie de rito em que o episódio individual ganha permanência: nenhum ato é visto como inútil, uma vez que o culto vai continuar para sempre, e tudo se repetirá indefinidamente.

Os poemas de Safo nos fazem imaginar o lugar do *thiasos*, a casa grande e o jardim adjacente. Esse jardim está sempre presente nos poemas, sempre cheio de "flores da primavera", açafrão, jacintos, violetas, rosas, narcisos e lírios. As flores espalham-se por roupas, coroas e guirlandas. A terra aparece coberta de grama fresca. As flores de lótus e as macieiras em flor dão à paisagem sáfica um significado cultual, já há muito enfatizado. As menções às maçãs ou às rosas sempre se referem à presença ou ao poder de Afrodite. Nesse jardim de maçãs e rosas, Afrodite faz suas aparições, transformando o lugar e transfigurando as participantes do culto. Um espaço sagrado que se desdobra em uma dimensão de eternidade. É nessa dimensão eterna dos momentos compartilhados que Safo e suas amigas esperam habitar depois da morte. Como afirma em um de seus poemas, "só mergulharão no Hades aqueles que não tiveram parte nas rosas de Piéria". Assim, como servas das Musas, as moças do *thiasos* esperam permanecer, para sempre, no jardim de Afrodite.

É compreensível que a morte e a velhice, ao contrário do que cantam os outros poetas líricos, não atemorizem Safo. Seu convívio íntimo com as divindades e a memória que torna eternos os intensos momentos de prazer fazem a passagem do tempo não esvaziar a vida de sentido. Em um poema reconstruído por Bruno Snell, ela afirma:

Prazeres ilimitados

*Minha pele já está toda enrugada pela velhice.
Os meus cabelos negros ficaram brancos.
Débeis estão minhas mãos,
mais débeis meus joelhos,
que não querem mais levar-me.
Não posso mais, em passos de dança,
mover-me entre as moças,
como, à tarde, as corças
saltam no bosque.
Mas que farei eu?
O homem mortal
não pode desfrutar da vida eterna?
...
Também sobre Titão, triste,
desceu a velhice
...
Pensa que não lhe resta mais nada.
Que a felicidade se foi.
Suplica, pois, a Zeus
que bem depressa lhe mande a morte.*

*Eu, porém, suspiro
ainda e sempre
pela graça e pelo vigor.
Rodeou-me sempre a resplandecência* (habrosyne)
Porque sempre amei o Sol.

Anedonia, Califórnia

Em uma sala de conferências do hotel Le Meridien em São Francisco, ela surge, loura e carismática, arregaça as mangas de sua camisa branca e prepara o lubrificante. Diante dela, em cima de uma mesa, uma mulher, nua apenas da cintura para baixo, está deitada com as pernas abertas. Ao vivo, a fundadora da OneTaste começa sua performance de OM (meditação orgástica). Olha entre as pernas da voluntária e volta-se para o auditório de cerca de quarenta mulheres: "Meu Deus, é lindo. É um cor-de-rosa elétrico." Daedone então se curva e começa a tocar vigorosamente a mulher com o dedo indicador. A mulher geme descontroladamente como se estivesse sendo possuída por um espírito, enquanto Daedone a encoraja: "Boa menina! Bom, muito bom! Tente alcançar, tente chegar lá." Quando os gemidos da mulher atingem o clímax, Daedone solta um forte suspiro gutural. Duas mulheres da plateia, tocadas pela intensidade da cena, choramingam em silêncio. A performance durou exatamente 15 minutos.

Quem tem algum conhecimento sobre as subculturas de São Francisco, Califórnia, não vê como novidade a existência de uma comunidade cujo ponto de atração é o sexo. Buscar a autotransformação por meio de práticas sexuais é uma das tradições locais. A OneTaste localizava-se originalmente na Folsom Street, a rua onde se realiza anualmente a maior feira de sadomasoquismo — outra subcultura em permanente expansão. Inicialmente, abrigava seus participantes em pequenos espaços, 12 camas separadas por cortinas, dois em cada uma. Atualmente, o espaço se ampliou, quartos individuais ocupam o edifício ao lado do centro de culto. No entanto, há algo peculiar na comunidade de mulheres criada por Nicole Daedone.

Trata-se de uma comunidade feminina de culto, mas não de culto a Afrodite — o que, embora pudesse ser tão anacrônico quanto kitsch, não seria implausível na Califórnia. O culto da OneTaste é ao orgasmo.

A comunidade, fundada em 2001 pela ex-professora de yoga, cabala e meditação budista, é um tipo de "refúgio urbano" em São Francisco. Um grupo de mulheres (e homens), com média de idade de trinta anos, vive em tempo integral em um elegante edifício. Preparam juntos as refeições, praticam yoga e meditação. É uma comunidade que se diz inteiramente voltada para o prazer feminino. E, como veremos, vários aspectos da comunidade de Daedone realmente relembram o *thiasos* de Safo. Um abismo intransponível, entretanto, separa definitivamente Safo de Daedone.

Nicole Daedone, além de ser uma espécie de sacerdotisa-guru, oferece performances públicas, não de poesia ou canto, mas da principal prática da seita: a OM. A meditação orgástica é praticada em duplas, com um ou uma praticante manipulando o órgão genital de outra praticante. A finalidade é chegar ao orgasmo feminino por meio da estimulação do clitóris. O parceiro manipulador pode, por suposição, compartilhar da sensação e da satisfação da mulher por meio de uma espécie de "prazer por procuração", mas evidentemente esse não é um objetivo da prática.

Trata-se, pois, de um círculo fechado de culto, em cujo centro está o prazer feminino. Um culto não de Eros, e sim do sexo. Porém, não exatamente do sexo, mas do *slow sex* (sexo lento), como ela prefere chamar a mistura de sexo com meditação transcendental. Daedone pode ser vista no TED ou nas páginas do *New York Times*, ou pode ser lida em seus livros, como *Slow Sex: The Art and Craft of Female Orgasm*. Em todas as suas aparições fica evidente que busca elevar o orgasmo feminino ao nível de prática religiosa e espiritual. A espiritualidade pode ser buscada na chamada "prática da manhã". Restrita aos residentes, acontece todos os dias, às sete da manhã; é o ritual da OM. Cerca de uma dúzia de mulheres, nuas da cintura para baixo, encontram-se com os olhos fechados, em uma sala na penumbra com cortinas de veludo; homens vestidos aproximam-se delas, tocando-as, nos moldes da performance de Daedone. A experiência deve ter um caráter absoluto, a mulher deve se render a ela, e não tentar controlá-la pela imaginação ou pela memória. Não deve tentar "produzir as sensações desejadas". Entre os "parceiros de pesquisa", como se chamam uns aos outros, não há nenhuma relação, namoro ou mesmo atração física. É uma não relação ou relação indireta, relação entre corpos. "Em nossa cultura, admitir que nossos corpos importam é quase reconhecer uma falha", justifica Daedone. Os corpos em questão são femininos; o objetivo é aparentemente o de um feminismo libertário: "As mulheres só podem experimentar a liberdade se antes experimentarem a própria sexualidade."

Um prazer sem relação com os outros, destacado do mundo de uma forma quase solipsista, localizado em um ponto anatômico preciso — o clitóris —, resultando em uma sensação cronometrada, incomunicável e não recíproca. Enquanto em Safo o prazer é uma experiência intensa e concreta com os outros e com as coisas, em Daedone é uma espécie de resultado de uma não relação, um tipo de espasmo lento inteiramente desligado do mundo, das pessoas e das coisas. É difícil entender como essa experiência ultrassubjetiva de prazer possa ter lugar na vida humana. A OM está mais próxima de um alívio momentâneo, uma descarga de tensão, uma catarse em um mundo desabitado e vazio. Como nem a imaginação nem a memória ou as relações intensas entre as pessoas entram no jogo, não há na OneTaste lugar para o que Safo e suas amigas compartilhavam — a plenitude de sentido da existência na prática dos prazeres recíprocos.

Em seu livro *Slow Sex*, Daedone afirma que a prática do sexo lento não é uma solução para um problema, um remédio para a doença de baixa libido ou a incapacidade de sentir prazer — *anedonia*. "O sexo não é um problema [...] Todo o paradigma está errado." Mas qual será o problema? "Em nossa cultura", diz ela, "as mulheres foram condicionadas a ter a sexualidade fechada e os sentimentos abertos, enquanto os homens, a sexualidade aberta e os sentimentos fechados". O desejo feminino precisa ser liberado e o prazer feminino, descoberto. É uma espécie de orgasmocentrismo, que busca reformular a própria noção do orgasmo. A noção tradicional do termo "orgasmo" seria masculina: o clímax. A alternativa seria "desfrutar a viagem, em vez de empurrá-lo cada vez mais para o final", por meio de dois procedimentos principais: 1) uma atenção concentrada no presente (em vez de se fixar em uma finalidade ou um objetivo); 2) o desembaraço em relação a tudo o que não seja a "pura sensação".

Daedone insiste — talvez um pouco tarde demais para isso — em dizer que ela não aspira ao status de guru, embora reconheça a existência de "um enorme potencial para que a OneTaste torne-se um culto".

Os membros da OneTaste buscam recuperar algo que perderam: a capacidade de sentir. São habitantes desse incógnito território, a terra árida de *Anedonia*, esse território de terra rachada e vazia, que avança sobre as vidas das cidades com uma velocidade impressionante. É um fenômeno que caracteriza a condição contemporânea. Curiosamente, a sociedade atual, que se define teoricamente por seu hedonismo, convive, na prática, com a crescente incapacidade humana não apenas de sentir prazer, mas também de pensá-lo.

Em psicologia e psiquiatria, *anedonia* (do grego: *an-*, "sem", e *-hedone*, "prazer") é definida como a incapacidade de sentir prazer em atividades normalmente experimentadas como agradáveis. O termo foi cunhado por Théodule-Armand Ribot e posteriormente utilizado por psiquiatras, como Eugen Bleuler e Emil Kraepelin, para descrever o sintoma central da esquizofrenia. Ribot propôs o nome para designar uma doença: "O estado de anedonia, se é que posso inventar uma nova palavra para emparelhar-se com analgesia", escreve ele, "tem sido muito pouco estudado, mas existe". Entre os vários tipos de depressão patológica, a falta de alegria, a melancolia, o desânimo, a tristeza, a falta de gosto, de entusiasmo, de ânimo têm um elemento comum inseparável: a anedonia, a incapacidade de sentir prazer.

Nesse sentido, anedonia é o sintoma clínico que caracteriza a depressão; altas taxas de anedonia são suficientes para o diagnóstico da doença. O *Manual diagnóstico e estatístico de transtornos mentais* (DSM) a descreve como uma "falta de interesse ou prazer". Os sintomas da doença foram introduzidos no reino da psicopatologia em 1809, por John Haslam, que caracterizou um paciente como indiferente às fontes de prazer anteriormente experimentadas. Paul Keedwell, do King's College de Londres, vai direto ao ponto: a perda de prazer é o sintoma essencial da depressão: "A presença de anedonia define a depressão", diz ele. "Se a pessoa não tem anedonia, não está deprimida."

★ ★ ★

Os gregos não conheceram a anedonia. O prazer era respirado com o ar e percebido com a luz. E quando ele se tornou um problema, a filosofia o fez ocupar o centro de suas preocupações éticas. Desafio, enigma, promotor da felicidade, ameaça, destruidor do caráter, o prazer foi objeto de uma controvérsia que acompanhou passo a passo a reflexão filosófica grega. O que é o prazer? Qual a sua relação com a dor e com o desejo? Qual a sua importância para a vida? Como devemos nos relacionar com ele? Platão — mas não apenas ele — foi obcecado por essas questões e forneceu as linhas mestras para toda e qualquer reflexão sobre o hedonismo. É o que veremos a seguir.

Capítulo 3
Ruínas hedonistas I

O prazer é protagonista na cena da ética grega. Ele é convocado em todas as discussões relevantes sobre como devemos viver e sobre qual é a meta da existência. A vida justa, por exemplo, só pode ser escolhida se for concebida como a mais prazerosa possível — como veremos no fim deste capítulo.

Aristóteles oferece um excelente exemplo da importância do prazer na discussão ética grega. Ele apresenta seis tipos de caráter em uma escala hierárquica: no mais alto grau da escala está o caráter heroico, presente em indivíduos de exceção que não são tratados como objetos de reflexão ética; em segundo lugar, o caráter da pessoa admirável, que quer agir bem e de acordo com o que pensa; em terceiro, o caráter do encrático, esse tipo de pessoa que quer agir mal, mas por autocontrole age contra o que quer; em quarto, o acrático, que quer agir mal, tenta não agir mal, mas falha; em quinto, o caráter mau, da pessoa desprezível, que age mal e pensa ser bom agir assim; em sexto, no nível mais baixo da escala, o caráter bestial. Como o heroico, o bestial estaria fora de consideração ética, já que age por uma espécie de impulso patológico ou defeito congênito.

O interessante da classificação de Aristóteles é a distribuição que ele faz dos prazeres e das dores como indicação do valor do caráter na escala. Para ele, a excelência de caráter não é revelada apenas na exibição dele na ação, mas principalmente no prazer e na dor experimentados no ato executado. Em qualquer ação, revelaríamos a indicação inequívoca do tipo de caráter que temos.

Do ponto de vista externo, porém, não podemos distinguir a pessoa admirável da pessoa encrática, ou mesmo da desprezível. Todos podem agir da mesma maneira. O admirável porque quer e sente prazer em agir assim, o encrático não quer, mas se força a agir da maneira correta, e sente dor; da mesma maneira que o desprezível pode se sentir coagido, por medo ou pela lei, a agir do mesmo modo, mas não faria isso se não fosse por coação, já que não sente nenhum prazer em agir assim.

Na cena ética grega, o prazer é, portanto, um protagonista trágico e problemático. Platão (sempre ele) dá as coordenadas para pensá-lo de maneira crítica e propõe a resolução do dilema de Hesíodo com um hedonismo filosófico que exclui outras tendências de tratamento teórico do prazer.

Sócrates e o prazer

Podemos dizer, sem receio, que Sócrates está para a filosofia como Cristo está para a tradição religiosa do Ocidente. A analogia parece inevitável. Como Cristo, Sócrates não deixou nenhum escrito, mas, em compensação, suas palavras e ações foram reproduzidas e recriadas por vários discípulos; condenado à morte, passou para a história como mártir, como um mito que não deixa de se renovar.

Por mais atraente que possa parecer o paralelismo entre essas duas figuras paradigmáticas da história do Ocidente, é preciso reconhecer a enorme distância que as separa. Embora Sócrates defenda sua prática filosófica como uma missão do deus de Delfos, estava longe de se considerar detentor de um acesso privilegiado a um mundo sagrado. Destituída de uma palavra de salvação, a filosofia socrática limita-se a expor e confrontar as dificuldades aparentemente insuperáveis que caracterizam a vida humana. Em torno da vida humana frágil e precária, ele traçou um limite e a circunscreveu. Só há um comando, uma exigência divina na filosofia de Sócrates: o exame da vida que vivemos, um exame conduzido por um mestre que diz saber apenas que não sabe. Paradoxo? Sem dúvida, o motor do pensamento socrático é o paradoxo.

Ainda que cristãos e anticristãos insistam em ver em Sócrates o precursor do cristianismo, não há ponto de contato entre eles. A moral cristã pouco ou nada tem a ver com a ética socrática — ou mesmo com a ética grega. Se essa identificação forçada nos legou uma miragem cristã que nos faz ver em Sócrates um Cristo grego, devemos buscar outras imagens que o traduzam com mais fidelidade. A "boa-nova" socrática é, nesse sentido, decepcionante e problemática demais para formar rebanhos ou para se transformar em doutrina, decepcionante demais por praticar um ensino baseado na intransmissibilidade.

Para Sócrates, a verdade não sobrevive a sua mera transmissão. Não há verdades a serem transmitidas. No entanto, há verdades a serem buscadas. A intransmissibilidade impede a comunicação tradicional, doutrinária, mas dá expressão a um novo gênero filosófico: o diálogo aporético, a reflexão movida pelo impasse. É justamente do impasse que Sócrates retira a virtude mais profunda de sua filosofia: não a livre passagem da comunicação transparente, mas a aporia; não o caminho desimpedido, mas o beco.

Sócrates foi, por isso, uma moeda flutuante no mercado aberto grego, como diz Jonathan Barnes. Como objeto de ficção literária e filosófica, ele varia de texto para texto, de tal modo que pouca coisa pode ser dita com certeza sobre as posições defendidas pelo Sócrates histórico. É difícil montar uma imagem coerente dele com os pedaços de enigmas que nos sobraram de sua figura. Isso nos leva a outro problema: por que um homem tão preocupado com o destino da filosofia e da humanidade não escreveu sequer uma linha sobre seu pensamento? Por que se recusou a oferecer à posteridade os meios pelos quais julgava serem os melhores para a aquisição do perfeito equilíbrio entre o pensamento e a vida?

A origem de sua obstinada motivação pode ser buscada em sua visão do que seria esse perfeito equilíbrio. Para Sócrates, toda e qualquer obra do pensamento digna desse nome deve estar ligada à vida por um laço de necessidade. A impessoalidade e a universalidade que a escrita tradicional conferem ao discurso apagam o caráter que dá às palavras o seu sentido. Não seria possível compreender na obra o vínculo que a prende à vida. Sócrates não poderia produzir uma obra escrita — analisável como um conjunto articulado de proposições capaz de poder ou não expressar verdades universais. Platão, o autor, resolve o problema da rejeição da transmissão e da escrita pelo seu personagem, Sócrates, inventando o diálogo filosófico — uma forma de escrita que recupera a força viva da conversa oral, na qual o leitor participa ativamente do processo do pensamento. Ao Sócrates histórico restou, no entanto, a alternativa de fazer de sua própria vida obra do pensamento.

Maysa, a socrática

Maysa, a grande cantora e compositora, compôs uma canção — "Resposta" — que pode ser lida como uma defesa diante do tribunal social que, de certo modo, a condenava por não se comportar segundo certas convenções morais da época. Como Sócrates, ela não aceitava passivamente as crenças de seu tempo. Pelo contrário, agia como se quisesse desafiar e colocar à prova hábitos e convicções irrefletidas. A canção "Resposta" tem o espírito de uma *Apologia*, de uma defesa. Como Sócrates, ela parecia entender que a única maneira digna de viver é submetendo, na prática, as suas crenças e as crenças herdadas a um exame. Viver segundo o que se pensa seria a melhor maneira possível de viver. Na canção, ela sintetiza em dois versos o princípio de uma forma de vida que, por seu senso de integridade, a aproxima intuitivamente da ética socrática:

*Eu só digo o que penso, só faço o que gosto
e aquilo que creio.*

Aqui estão todos os elementos da ideia socrática de uma vida ética admirável: o que se diz (a linguagem), o que se pensa (o pensamento), o que se faz (os atos), o que se gosta (os afetos, as emoções) e o que se crê (crenças ou opiniões). A chave do dístico está na força exclusiva do advérbio "só": essa exclusão prende todos os elementos em um circuito ético. A linguagem expressa o pensamento que se manifesta nos atos, que, por sua vez, são a expressão dos afetos e das crenças. Nesse círculo harmônico não há contradição ou conflito entre o pensamento e os desejos, nem entre o que se diz e o que se faz, nem entre o que se faz e o que se gosta, nem entre o que se gosta e o que se acredita. Vida e pensamento estão unidos por laços indissolúveis.

É a força exclusiva do "só" que torna a sentença um princípio de vida. Quem afirma dizer sempre o que pensa profere um princípio ético que ele mesmo toma como inegociável. Esse princípio não opõe pensamento aos afetos, mas os conjuga no mesmo circuito. "O que penso", por outro lado, abre a possibilidade do exame das crenças. Embora fazer sempre o que se acredita seja um ponto fundamental do círculo, as crenças estão sendo pensadas, repensadas, revistas, testadas e justificadas o tempo todo. Chamemos esse circuito de harmonia ética socrática.

Como Sócrates, Maysa expressa sua defesa em palavras diretas e simples. O tom predominante da canção é o da franqueza. Em Sócrates, a franqueza (a *parrhesia*) é uma virtude capital. Caracteriza-se por ser uma fala direta em que os pensamentos são expostos com clareza e simplicidade. É um discurso que tem seu complemento nas ações ("as grandes provas que darei não serão meras palavras, mas o que vocês mais estimam, as ações", diz Sócrates na *Apologia*). A verdade do discurso franco provoca invariavelmente a ira, a irritação ("Peço que não se irritem comigo por dizer a verdade", diz ele, diante do tribunal de Atenas.)

A verdade socrática, em contraposição à retórica dos tribunais, requer uma linguagem despida de qualquer artifício estilístico. É uma fala espontânea construída com as palavras que meramente ocorrem ao falante; as mesmas palavras simples que as pessoas costumam usar na praça pública. Um privilégio da democracia ateniense, a *parrhesia* se confunde com a ideia de cidadania plena. É a liberdade de falar o que se acredita, como se acredita e contra o que não se acredita. Quem faz uso da *parrhesia* diz exatamente o que pensa: não tem o que esconder. Nesse sentido, ela se contrapõe ao discurso retórico e evita qualquer tipo de disfarce que possa ocultar seus pensamentos.

Na conversa socrática, a *parrhesia* ganha uma dimensão filosófica. Nícias, um de seus interlocutores no *Laques*, explica:

> Quem se aproxima de Sócrates e conversa com ele acaba sendo arrastado para uma conversa em círculos que não para até fazer o interlocutor dar uma justificativa racional sobre si mesmo, sobre a maneira como vive, sobre o tipo de vida que leva; e depois de tê-lo conduzido até aí, Sócrates nunca mais o deixará partir até que tenha examinado completamente essas coisas.

O interesse de Sócrates no exame concentra-se na relação entre o *logos*, o que se pensa, e a vida, como se vive. O que é testado é o grau de acordo ou desacordo existente entre o modo como vive a pessoa e o princípio que dá inteligibilidade a ela. O exame implica sempre algum risco para aquele que faz uso da *parrhesia*, isto é, para aquele que traz à luz suas mais profundas convicções. O risco é o de descobrir que suas crenças são injustificadas, e, portanto, que seus atos não expressam o que realmente pensa. Essa desarmonia faz com que, diante da própria pessoa, sua maneira de viver seja reprovada e seu pensamento, depreciado.

Na sequência da canção, Maysa ecoa certos temas caros a Sócrates:

> *Se alguém não quiser entender*
> *e falar, pois que fale.*
> *Eu não vou me importar com a maldade*

de quem nada sabe.
E se alguém interessa saber,
sou bem feliz assim,
muito mais do que quem já falou
ou vai falar de mim.

Sócrates, na *Apologia*, defende-se das calúnias antigas e novas e da maledicência que, para ele, só se explicaria por ser consequência de uma forma de desconhecimento. A maldade é uma forma da ignorância ("de quem nada sabe"). E a afirmação da felicidade ("sou bem feliz assim") aponta para a meta final da existência ética. Em grego, a *eudaimonia*, a felicidade, não é apenas um momento, uma sensação passageira, mas o florescimento da vida por meio dos atos. Uma vida que se realiza plenamente em seus atos floresce e, nesse sentido, é feliz.

Maysa, a acrática

Vimos, há pouco, Odisseu controlar seus impulsos, e Aquiles agir, como se espera que um herói épico faça. Não havia neles, entretanto, nenhum conflito ou dilema concreto. Muito menos em Safo. Nela, as experiências contraditórias e dilacerantes são resolvidas em uma memória que eterniza a beleza e os prazeres.

Não que não houvesse a possibilidade de conflito. O impulso de Aquiles é matar Agamenon, o que, de algum modo, ele "sabe" que não é a melhor coisa a fazer. A escolha "errada" está, portanto, disponível diante dele. Mas ele não experimenta realmente esse conflito possível entre sua decisão racional e o prazer que a ira promete. Em Homero, um conflito do tipo "sei o que é bom, mas faço o que é mal para mim" nunca se concretiza na hora da decisão. O herói épico age e pode explicar muito bem o porquê de seu ato, mas não o faz por deliberação. Ele é guiado pelo senso que tem sobre o que faz um homem admirável em uma determinada situação. Refletir demais e profundamente seria uma hesitação que revelaria uma falha de caráter incompatível com a natureza heroica. O herói age como sempre age um herói. Se Aquiles tivesse reconhecido um conflito entre o que ele julga ser melhor fazer e o prazer da ira, ele saltaria dos versos de Homero para cair de pé na cena de uma tragédia de Eurípedes.

A tragédia grega, sim, coloca no palco um herói problemático, cujas escolhas surgem de conflitos e dilemas e o conduzem inevitavelmente ao desastre. Um conflito trágico típico é o fenômeno da acrasia, ou incontinência, um lugar-comum tanto da moralidade popular grega quanto de nossa moralidade atual. Sócrates, como veremos a seguir, nega a possibilidade desse tipo de conflito. Eurípedes, por outro lado, ao que tudo indica, responde às objeções que o personagem Sócrates expõe no diálogo *Protágoras* de Platão. A fala da Fedra no *Hipólito* não deixa dúvidas: "Conhecemos o bem, mas não o fazemos, porque a paixão nos arrasta para o mal." O que é reafirmado por Medeia: "Sei muito bem que vou cometer um crime, no entanto, o meu *thymos* é mais forte do que a razão; o *thymos* é a causa de todos os males dos homens."

A certa altura de sua vida, Maysa perdeu a harmonia entre seu pensamento e seus afetos. Tornou-se um personagem trágico à procura de um autor. Obcecada pela integridade revelada na canção "Resposta", lutou desesperadamente para reencontrar o equilíbrio entre sua vida e seu pensamento. Maysa sofreu profundamente por não conseguir fazer com que seus atos continuassem correspondendo às suas crenças, por não poder dizer de novo "sou bem feliz assim". Amarrada a uma cama em um quarto com grades, Maysa ficou internada por 45 dias em um tratamento contra a dependência alcoólica. "É uma covardia de minha parte me submeter a um tratamento desse tipo para ter que largar a bebida", disse ela em uma entrevista. "Eu mesma teria que largar o vício usando apenas a força de vontade. Mas o problema acabou se tornando mais forte que eu." Em outro tratamento, demonstrando coragem, fez uma cirurgia para inserir uma pastilha de Antabuse sob a pele. O Antabuse é uma substância química que não retira o desejo de beber, mas, misturado à bebida, provoca de náuseas a vômitos, palpitações, depressão respiratória, arritmia cardíaca e convulsões, podendo levar à morte. Em seu diário, escreveu: "Coloquei meu futuro dentro de mim. Um futuro lindo, branco e sem fim, cheio de esperanças e desejos satisfeitos." Maysa, a socrática, tornara-se acrática.

Mas o que é realmente a acrasia? Eurípedes faz uma defesa enfática da acrasia, sustentando — contra Sócrates — que o conhecimento não é suficiente para que façamos a escolha certa. Podemos saber claramente o que é bom para nós e ter condições de atingi-lo, mas não realizarmos esse bem; pelo contrário, escolhermos exatamente aquilo que nos trará os piores sofrimentos e consequências.

"Como é possível escolher o mal para nós mesmos quando é plenamente possível escolher o que nos traz benefício? O que pode ser mais forte e mais atraente que o conhecimento do que é bom?" Se Sócrates encontrasse nossa heroína Maysa na ágora de Atenas, sem dúvida, seriam essas perguntas que faria a ela. E, talvez, com certa impaciência, ela respondesse assim:

"Muitas coisas, Sócrates, a paixão, por exemplo, o prazer, a dor, o medo..."

"Você está querendo dizer que de nada vale saber o que é bom, porque no fim das contas o que nos guia e comanda são esses impulsos irracionais? Como pode, depois de ter cantado tão belamente que 'só diz o que pensa, só faz o que gosta e aquilo que crê', dizer agora que pode fazer o que não acredita, agir contra o que pensa ser bom? Você ainda diz o que pensa, Maysa?", provoca Sócrates.

Maysa jogaria para trás sua majestosa cabeleira e tentaria enfrentar, em nome da Fedra de Eurípedes, uma questão filosófica perene. Sócrates insiste: "Como você poderia acreditar — ainda que a maioria pense assim — que o que nós sabemos não tem força suficiente para nos guiar ou nos comandar, mas, ao contrário, o que nos comanda é outra coisa, o *thymos*, o prazer, a dor, o medo? Você se tornou um personagem de Eurípedes, Maysa, para quem o conhecimento é como um escravo que pode ser arrastado para todos os lados por esses impulsos? Você também justifica suas ações dizendo que não fazemos o que acreditamos saber ser o melhor, mas fazemos o que sabemos ser pior, porque somos escravos dos nossos prazeres e paixões?"

É bem possível que, nesse momento, Maysa se erguesse e caminhasse altivamente até o centro da praça e, banhada pela luz prateada da lua, cantasse:

"Durante longas e incontáveis noites de insônia, Sócrates, eu tenho pensado e repensado sobre isso. O que arruína e destrói a vida humana? Não, não acredito que seja a falta de discernimento das pessoas. Conheço tanta gente inteligente que tem sempre os melhores julgamentos, e, no entanto... Acho que a razão disso se encontra em outro lugar: nós sabemos muito bem e reconhecemos muito bem o que é bom, mas falhamos na hora de sua realização. Uns falham por displicência, outros porque dão precedência a outro prazer que não o de ser honrado. Há tantos prazeres na vida: o sexo, a bebida, a comida... Enfim, depois de muito refletir, eu cheguei a essas conclusões e elas são tão firmes, Sócrates, que nenhuma droga poderia me desviar delas. É mais forte que eu e eu não quero me afastar delas. Se eu estou errada, Sócrates, talvez então você possa me explicar melhor o que acontece comigo e com tanta gente: nessas situações não somos vencidos pelo prazer?"

"Sim, acho que eu posso fazer você entender isso com mais clareza usando uma analogia", responde Sócrates. "Você concorda que coisas do mesmo tamanho podem parecer maiores ou menores se percebidas de perto ou de longe? Pense no som da música, por exemplo, pode parecer baixo de longe e alto de perto."

"Sem dúvida."

"E então, Maysa? Se o êxito de nossas ações dependesse da escolha de coisas grandes, bastaria ter uma fita métrica para medir as coisas ou seria melhor julgar pelas aparências? Vou explicar melhor: tente imaginar um espaço plano e, nele, vários objetos espalhados, distantes uns dos outros; uns mais afastados, outros mais próximos. Do ponto de vista em que estamos, os objetos mais distantes nos parecerão menores, e os mais próximos, maiores. Se tivéssemos que escolher, por exemplo, os menores, a mera visão que temos seria o pior meio para fazer a escolha certa. O espaço e as distâncias entre as coisas provocam uma inevitável distorção em nossa percepção, e essa ilusão ótica acabaria por nos fazer escolher os objetos errados..."

Nesse momento, Maysa interrompe: "Não sei do que você está falando, Sócrates; o que tem isso a ver com o que estamos discutindo?"

"É que nossas decisões éticas envolvem sempre coisas que estão em algum ponto do tempo. Estou fazendo uma comparação entre essas coisas e aquelas que observamos no espaço. Vou dar um exemplo: você tem um chocolate aqui diante de si, uma coisa que você adora. O chocolate está neste instante presente diante de você: neste exato momento. Evidentemente, você é atraída por ele; na verdade, é atraída pelo prazer que ele promete. Essa promessa, entretanto, está enraizada em sua experiência, na memória de ter saboreado tantas e tantas vezes um chocolate. Essas experiências do tempo passado projetam sobre este chocolate aqui uma promessa irresistível de prazer.

"Por outro lado, o passado pode também projetar aspectos negativos dessas experiências no presente e no futuro: a vez que você adoeceu, a outra vez que você engordou, uma outra que não conseguiu parar de comer. Obviamente, se você nunca tivesse visto ou provado uma barra de chocolate, você não sentiria nenhum apelo, talvez sentisse até receio de que fosse algo com um gosto ruim. Portanto, o passado e o presente são duas dimensões do tempo que se unem para provocar não o prazer, mas a promessa de um prazer.

"Há uma pequena sutileza em relação ao tempo presente em que efetuamos nossas escolhas, e deliberamos sobre os prazeres e as dores que estão diante de nós. Esse tempo presente duplica-se em um tempo quase presente: o presente dos prazeres e das dores que estão a ponto de serem experimentados. Eles estão disponíveis, mas ainda não se efetivaram, porque dependem da deliberação da pessoa. São os prazeres presumidos que povoam esse tempo da disponibilidade.

"Quando você está diante do chocolate, ele concentra uma promessa de prazer. Não é um prazer ainda, é só um convite, uma atração, uma tentação. Você está na verdade antecipando o prazer que, por ter experimentado várias vezes, espera experimentar de novo. A experiência passada dos prazeres e das dores tensiona o presente e, assim, projeta no futuro uma expectativa. É por meio dessas experiências passadas que se aprende que os prazeres e as dores não podem ser julgados apenas pela promessa que oferecem nesse quase presente em que eles se mostram disponíveis, mas devem ser julgados pelos prazeres e pelas dores futuros que estão implicados no horizonte das expectativas.

"Dessa maneira, os prazeres mais próximos no tempo — os disponíveis imediatamente — mostram-se maiores que as dores mais distantes que resultam deles. A ressaca do dia seguinte parece algo mínimo quando o quarto drinque à sua frente promete um enorme prazer. Na hora de escolher, a decisão fica fácil levando-se em conta apenas a percepção dessas coisas no tempo. O motor ligado do dentista no presente da obturação de um dente diminui, sensivelmente, o benefício futuro. Assim, as dores mais próximas parecem maiores em relação aos prazeres mais distantes implicados por elas.

"Sejam dores em relação a dores, ou prazeres em relação a prazeres, a distorção é inevitável. Prazeres ou dores passados e futuros são, portanto, maximizados ou minimizados pelos prazeres e pelas dores que estão presentes. Por isso, as escolhas espontâneas e irrefletidas são escolhas infantis ou simplesmente tolas. Mas se nossas escolhas dependessem da escolha dos prazeres e das dores maiores ou menores, em maior ou menor número, distantes ou próximos, não precisaríamos de algo que pudesse medir os objetos no tempo? Uma espécie de fita métrica que revelasse as reais proporções de prazeres e dores presentes, futuros e passados?"

"Você está dizendo que devemos fazer um cálculo de prazeres e de dores antes de decidir o que devemos fazer? Ainda não entendo por que você acha que é impossível que o prazer seja mais forte e possa vencer o que parece ser melhor", diz Maysa.

"Pense bem, Maysa, se o prazer é a mesma coisa que o bem e a dor é a mesma coisa que o mal, estamos falando de dois pares de sinônimos, e não tem sentido alguém alegar 'deixar de fazer o melhor por ser vencido pelo prazer'. Para mostrar isso claramente basta substituir os termos sinônimos. A substituição revelaria o absurdo que está implícito em sua justificativa: se alguém sabe que X é melhor que Y (melhor é o que fornece "mais bem" — e substituindo os nomes —, melhor significa mais prazer), sabe que X promete mais prazer que Y; portanto, seria absurdo que escolhesse o que promete menos prazer, alegando ter sido vencido pelo maior prazer de Y. Isso é uma posição totalmente inconsistente, Maysa.

"Não há força mais coercitiva que o conhecimento. Ele põe diante de nossos olhos o que é bom para nós. Nada pode ser mais atraente que o bem. Qualquer suposto conflito só pode ser ilusório, mero efeito de nossa ignorância. Segue-se, então, que ninguém poderia espontaneamente fazer o mal. Ninguém pode escolher, sem coerção externa, de bom grado, o que lhe parece pior. E então, Maysa, você compreendeu que a acrasia é impossível?"

Maysa levanta a cabeça e fixa seus imensos olhos verdes nos olhos de Sócrates, sorri levemente, de um modo quase triste, levanta-se, pega a bolsa que havia deixado no banco e sai caminhando soberbamente praça afora. E durante um longo tempo, um silêncio profundo ocupa o lugar dela.

Cálicles e a *pleonexia*

No diálogo *Protágoras*, não há uma explicação sobre a natureza do prazer. Sócrates limita-se a problematizar nossas escolhas em que prazeres e dores estão dispostos no tempo. No *Górgias*, ele vai mais fundo e apresenta o prazer como um problema em uma faixa ampla que vai da política à estética, da ética à ontologia. Examina a natureza do prazer e discute se ele pode ser escolhido por si mesmo e de modo irrestrito. Para essa discussão, Platão coloca Sócrates diante do defensor de um hedonismo extremo e apresenta, assim, um personagem violento e fascinante: Cálicles.

Cálicles materializa em palavras, gestos, gritos e silêncios o hedonismo da maximização dos apetites e dos prazeres. O que diz e o modo como diz, sua verve e seu temperamento, sua inteligência e sua franqueza são tão brilhantemente construídos que ele parece ter vida própria. O radicalismo de Cálicles é uma dessas invenções platônicas que têm a capacidade inesgotável de se reproduzir. Tanto autointitulados libertários quanto fascistas renomados o tomaram como arquétipo. Cálicles é o Ur--extremista da história da filosofia.

Em sua famosa conversa com Sócrates, seu estilo agressivo manifesta-se logo de saída. Contra a *sophrosyne*, o controle dos prazeres e apetites, ele afirma: "As pessoas que se controlam são umas imbecis. Como é possível que escravos sejam felizes? O mundo só pode estar mesmo de cabeça para baixo." Sócrates insiste: "Qualquer um sabe que não estou falando de imbecis." Cálicles não pode negar que a maioria das pessoas concordaria com Sócrates. Mas, segundo ele, essas são convenções criadas pelos escravos, a maioria, os fracos, e, portanto, do ponto de vista da natureza, sem nenhum valor.

Cálicles pretende recolocar o mundo de pé, fazer a reversão de todos os valores estabelecidos e devolver o poder aos fortes — essa minoria, essa elite —, que, segundo ele, nasceram para dominar os fracos. Essa reversão implica restabelecer o modo correto de viver. E, para Cálicles, viver é cultivar os maiores apetites, fazê-los crescer ilimitadamente, sem jamais os reprimir: maximizá-los.

Segundo ele, a maioria (os fracos), por vergonha de não conseguir satisfazer seus apetites, inventa "essas convenções contra a natureza", que não passam de palavras vazias (como "controle dos apetites") para submeter e domesticar os fortes, que, por natureza, deveriam escravizá-los. A genealogia da moral calicleana, como se vê, é a fonte platônica onde Nietzsche bebeu até se inebriar.

Platão soube criar seus inimigos fictícios melhor que o fizeram seus inimigos factuais. Cálicles é uma das inspirações do antiplatonismo contemporâneo. O ideal de vida antidemocrático e antifilosófico sempre esteve na ordem do dia com Cálicles. Mas, se combate a filosofia, o que ele toma como verdade? Segundo ele, a verdade está na sensualidade, no desenfreio, na liberdade — e nos meios adequados para a satisfação dos apetites e dos prazeres maximizados. Virtude e felicidade se encontram na satisfação incessante de apetites, que, por sua vez, devem ser multiplicados e intensificados ao infinito. O ideal de Cálicles pode ser reduzido a uma palavra: *pleonexia*. A disposição de "querer sempre cada vez mais", de se apoderar de tudo que, por natureza, lhe parece ser seu. A expansão ilimitada dos apetites é a maneira calicleana de colocar o mundo de pé: alimentar o apetite *pleonético* de poder.

Para combater o hedonismo de Cálicles, Sócrates usa algumas imagens. São imagens estranhas, que funcionam como argumentos contra a *pleonexia*. Ele compara a vida de quem não se contém a um jarro cheio de furos, que no mesmo instante em que é preenchido de líquido, se esvazia. Ou a uma peneira constantemente vazando o que supostamente deveria reter. O que caracteriza a vida dessas pessoas é a incapacidade de retenção, a insaciabilidade, a impossibilidade da real satisfação dos apetites. Vidas vazias, de almas furadas, como utensílios danificados.

Os apetites seriam, assim, insaciáveis — de bebida, de sexo, de comida, de dinheiro —, nunca poderiam fornecer contentamento, porque seriam incapazes de conter qualquer coisa. Os apetites humanos dessa natureza nunca podem ser satisfeitos, porque nunca estarão suficientemente satisfeitos. O vazio que os move não é um estado estável, o contrário do pleno, que a plenitude preencheria: é um vazio que vai se escavando à medida que vai sendo preenchido. Como mostra Giulia Sissa, os viciados em drogas pesadas usam uma linguagem que se assemelha, em sua visualidade e concretude, à linguagem platônica: injetar-se com heroína é "furar-se" para ficar "cheio como um ovo". Mas é possível ficar saciado com a droga? Os toxicômanos dizem que não. E apesar de não falarem em grego, "eles nos dizem com imagens platônicas, como 'a ampulheta da droga' e as 'células sedentas' de William Burroughs". "Por mais anacrônico que possa parecer", diz Sissa, "a experiência da droga teria dado a Platão e à filosofia antiga uma confirmação brilhante de sua teoria do desejo".

Mas a teoria platônica do desejo não se limita aos vasos furados. Sócrates contrapõe a esses recipientes danificados outros em bom estado e cheios de "vinho, mel, leite e tantas outras coisas cujas fontes são escassas e difíceis". A aquisição dessas fontes indica uma concepção do apetite satisfeito e livre das deficiências. Se nos lembrarmos de que, em Hesíodo, os apetites e prazeres humanos são as marcas congênitas de uma precariedade insuperável, compreendemos que Platão responde a essa tradição em um esforço de superar a separação entre humano e divino. A elaboração de uma forma divina de existência humana é aberta pela possibilidade de a vida humana ser capaz de obter satisfação plena.

Cálicles representa o avesso dessa ambição. Afirma a alternativa oposta: devemos potencializar nossas deficiências. Afinal, diz ele, "quem de nada necessita está totalmente preenchido, não tem mais nenhum prazer: vive como uma pedra" e "viver não é outra coisa senão deixar escorrer ao máximo o fluxo da vida".

Para levar Cálicles à contradição, Sócrates passa a tratar de apetites, como a fome e a sede. Pergunta se a fome é prazerosa ou dolorosa. Cálicles responde que a fome enquanto tal é dolorosa, mas que comer com fome é prazeroso. Essa é a fórmula geral empregada para o tratamento de todos os apetites; como a fome, os apetites são deficiências dolorosas. Deficiência, apetite e dor estão interconectados, e as diferenças só podem ser observadas a partir de certo ângulo. A sede corresponde a alguma dor, e o ato de beber, sendo o preenchimento do vazio, um prazer.

Cálicles concorda com essa fórmula geral, o que é suficiente para que caia na armadilha lógica. Quem identifica o prazer com o bem não pode jamais aceitar a simultaneidade do prazer e da dor no apetite, assim como não se pode ser feliz (tendo prazer) e infeliz (tendo dor) ao mesmo tempo.

Se o prazer é diferente do bem, existe um princípio exterior a ele separando os prazeres bons dos maus. Mesmo os prazeres ligados ao corpo, da comida e da bebida, separam-se: os bons produzem a saúde, a força e todas as demais excelências do corpo; os maus produzem a doença, a fraqueza e todos os vícios. As dores também se dividem em boas, aquelas que nos trazem benefícios futuros, e más, que atraem o contrário.

A separação entre prazer e bem é o primeiro passo para a elaboração de um "prazer filosoficamente fundado", um apetite revertido e transformado, não mais condenado à insatisfação perpétua, à busca por uma satisfação que se assemelha a um trabalho de Sísifo, mas um novo apetite que dará sustentação a uma filosofia da satisfação plena do desejo humano. Como o leitor deve ter percebido, Platão está buscando uma solução para um problema posto pela partilha hesiódica: uma redistribuição das partes que cabem aos mortais e aos deuses.

Capítulo 4
Ruínas hedonistas II

Eros e os prazeres: entre o excesso e a deficiência

Na herança cultural grega, Eros tinha um sentido amplo que abarcava tanto desejos sexuais quanto apetites como a sede e a fome. Mesmo quando o termo passou a designar especialmente certas relações entre pessoas, essas relações eram entendidas segundo o modelo da fome e da sede. Eros esteve sempre na lista das necessidades naturais, básicas e compulsivas do ser humano. Segundo essa visão, o desejo sexual desencadeado pela visão da beleza de um corpo ofereceria a mesma promessa de satisfação que qualquer outro objeto físico poderia oferecer. E bastava que o objeto fosse adquirido, possuído e consumido para que o desejo desaparecesse no próprio ato de satisfação. Qualquer objeto do mesmo tipo ofereceria a mesma satisfação, como qualquer bebida ou comida. Todos os objetos do apetite são, assim, substituíveis. Há um nível de generalidade no apetite: não se desejam objetos individuais, mas classes e tipos. Por isso, a obtenção de prazer por contato sexual produz o alívio que um sem-número de objetos similares poderia oferecer. Desse modo, o apetite é entendido como uma forma compulsiva de desejo. A metáfora tradicional da caça erótica resume bem essa ideia: a fera, o amante, persegue a presa para se apoderar dela e consumi-la, ou seja, saciar sua fome sexual. Lembremos aqui a cena arquetípica de Odisseu diante de Nausícaa.

Mas até Platão, *eros* e os apetites eram entendidos como equivalentes, intercambiáveis, termos sinônimos. Em *O Banquete*, Platão cria uma distinção conceitual entre *eros* e apetite, que fica, a partir daí, estabelecida de modo inequívoco. Embora o desejo sexual continue sendo pensado segundo o modelo da fome e da sede, Platão propõe uma nova forma de desejo.

Antes de tratar desse novo apetite, vamos nos desembaraçar de questões ligadas ao termo *eros*. A tradução como "amor" já foi insistentemente rejeitada com muitos argumentos e evidências. Listemos apenas as características distintivas de *eros*: intenso e passional, *eros* está mais próximo do desejo do que da afeição; está diretamente ligado ao impulso sexual por um indivíduo particular. Assim, *eros* não é empregado para caracterizar o amor paternal ou as relações de parentesco. Dada sua especificidade, a palavra fica assim mantida no original grego, *eros*.

O Banquete de Platão

O Banquete é uma celebração de Eros, a divindade, e reconta seu nascimento, mas para recriá-lo inteiramente. A apresentação desse *apetite* revertido e purificado não é feita por Sócrates diretamente. Em vez disso, ele relata como foi iniciado nos mistérios de *eros* por uma mulher, Diotima, a enigmática sacerdotisa de Mantineia. Essa nova natureza de *eros* é introduzida a partir não de algo desconhecido e estranho, mas de uma evidência familiar e inegável, ainda que embaraçosa. Um enigma que surge de um experimento mental proposto por Aristófanes em seu discurso, meio cômico, meio sério.

Já vimos Hefesto aparecer diante de um casal, Ares e Afrodite, na cama, em pleno ato sexual. Agora, Aristófanes faz Hefesto observar um casal na mesma situação e indagar sobre o que querem ao fazer o que fazem. Certos aspectos do ato sexual elucidam a questão. O casal parece estar querendo — aparentemente sem sucesso — obter algo do corpo do outro. Se pudéssemos olhar friamente para a cena, poderíamos imaginar que se esforçam em um processo de absorção mútua. Eles parecem querer se entredevorar. Mas, como esse objetivo é tanto impossível de ser realizado como implausível de ser desejado, só nos restaria perguntar a eles qual a finalidade daqueles atos. A pergunta de Hefesto ("O que vocês querem um do outro?") obviamente só tem cabimento no caso específico do desejo sexual. Qualquer outro apetite, como a sede ou a fome, torna a questão dispensável. Diante de quem come ou de quem bebe, por exemplo, a finalidade da ação é autoexplicativa. Ninguém precisa perguntar nada para entender o que se passa. Mas, no caso do ato sexual, nada é óbvio — mesmo e principalmente para aqueles que participam dele. Ao ouvir a pergunta de Hefesto, o casal fala com franqueza sobre a dificuldade de responder à pergunta. Perplexos, não sabem o que dizer; na verdade, não sabem o que querem. Equipado com seus instrumentos de ferreiro, Hefesto insiste: "Será que o que querem não é se fundir em um só indivíduo?", e se oferece para fazer a junção dos dois.

O casal descobre assim o que não sabia e há muito desejava saber. Eles desejam se unir e se confundir um com o outro. Segundo Aristófanes, nenhum casal apaixonado recusaria a oferta de Hefesto. O motivo disso, segundo ele, é que nossa antiga natureza era assim, nós já formamos um todo com uma outra pessoa; *eros* seria o desejo saudoso por esse todo perdido. Aristófanes conta então o mito da natureza de *eros*.

Nossa natureza original era diferente da atual. Em primeiro lugar, havia três gêneros: o masculino, o feminino e o andrógino, este último uma mistura dos dois anteriores. Cada gênero era duplo, tinha quatro mãos, quatro pernas, dois rostos opostos um ao outro, quatro orelhas, dois sexos etc. A autossuficiência experimentada por esses seres pré-humanos era tal que chegaram a tramar contra os deuses. Como punição, Zeus divide cada um deles em duas partes, que, multiplicados, passam a andar em duas pernas. Apolo virou suas faces para a frente e costurou o corte da barriga em um umbigo para que essa marca fosse uma recordação do castigo pela ousadia cometida. E Zeus ameaça: se permacerem insubordinados, serão cortados ao meio mais uma vez, e terão que andar saltando com uma perna só.

Depois de cortados em dois, cada parte passa a buscar ansiosamente o retorno à unidade perdida. Assim, quando julgam ter encontrado a parte perdida, se abraçam, querendo realizar a fusão. Mas, incapazes de fazer qualquer outra coisa, acabam por morrer de fome. Zeus resolve então inventar um novo dispositivo: o sexo. Move os órgãos genitais para a frente dos corpos e os torna aptos à procriação — no caso do duplo mulher/homem; também no caso homem/homem e mulher/mulher poderiam ter um momento de saciedade na união e um consequente alívio, para depois voltar ao trabalho e seguir a vida. Cada pessoa, portanto, seria um *symbolon* complementar de outro humano, em busca, cada um, de seu próprio complemento, da restauração de sua antiga natureza, da tentativa de fazer de dois apenas um e de curar a doença, a falha inscrita na natureza humana.

Na vida humana atual, segundo Aristófanes, o máximo que se consegue atingir é a sensação momentânea dessa finalidade no orgasmo sexual, uma ilusão fugaz de totalidade. O desejo de fusão não se resolve nunca, a não ser momentaneamente. A busca pela metade perdida é a busca pela posse de um complemento. Não há relação entre indivíduos, mas sim a busca pela restauração de um estado anterior por meio da absorção do outro, como um autopreenchimento. A metade original é, portanto, inatingível, e a metade física que a substitui experimenta o orgasmo, que rememora o estado anterior. Se a união real fosse possível, teria como consequência inevitável a destruição dos dois indivíduos.

O arquétipo da unidade perdida funciona na verdade com um mecanismo de substituição de um objeto por outro objeto semelhante. Essa dimensão de grandeza que o apaixonado percebe na experiência erótica está para sempre perdida. O alívio momentâneo e a tentativa, sempre fracassada, indicam a impossibilidade do desejo. Fracasso perpétuo e ânsia renovada são as características do desejo segundo o mito contado por Aristófanes.

O que querem os amantes no ato sexual? Platão teria também uma resposta para a pergunta de Hefesto. Ele tem um interesse especial na ambiguidade do desejo sexual. Por um lado, parece caber perfeitamente no modelo do apetite, mas, por outro, ostenta uma profunda estranheza quanto a sua finalidade. Afinal, nem mesmo os amantes sabem realmente o que querem um do outro. O objeto parece se manter oculto, parece haver nele uma dimensão de transcendência, algo que sempre o ultrapassa, que só uma explicação filosófica pode dar conta. Jogando com a ambiguidade de *eros*, Platão elabora uma nova concepção de desejo sexual construída a partir da noção do apetite, e explora assim novas possibilidades do desejo humano em geral.

Para essa invenção, Platão faz corresponder à fisiologia do apetite corporal uma fisiologia do *eros* psíquico — uma duplicação que ele começa a criar desde o *Górgias* e tem sua plena realização em *O Banquete*, com uma filosofia da satisfação do desejo humano. Devemos, portanto, levar a sério o que diz Eriximaco, um dos participantes de *O Banquete*, quando apresenta a série de discursos em louvor a *eros* como algo absolutamente inédito: nenhum homem jamais teria ousado fazer uma celebração digna de Eros. Essa é uma das promessas que Platão cumpre em *O Banquete*: recriar o desejo de um modo radical, apropriando-se da figura popular da divindade para reinventá-la e integrá-la ao seu projeto filosófico.

Na conversa de Sócrates com Agathon, que prepara o relato sobre o encontro de Sócrates com Diotima, *eros* é descrito como deficiente de beleza e, por consequência, deficiente também do bem. Essa deficiência o faz depender do objeto belo. Essa dependência o lança ao mundo e permite a confusão entre ele e o apetite. Os objetos, os corpos belos, prometem satisfação nos prazeres imediatos. Nesse sentido, a experiência erótica corre sempre o risco de se esgotar no ato sexual. Para que ela ultrapasse esse primeiro estágio, é preciso que, além da deficiência, haja o excesso. Em outras palavras, é preciso que haja a progressão do apetite ao *eros*. No mito que reconta seu nascimento, Diotima faz Eros renascer com uma natureza capaz de possibilitar essa progressão.

Quando Afrodite nasceu, os deuses participavam de um banquete. Entre eles estava Recurso. Depois do jantar, Pobreza veio à porta para esmolar os restos e sobras. Quando viu Recurso entrando embriagado no jardim de Zeus e adormecendo pesadamente, Pobreza — sempre carente — teve a ideia de gerar um filho de Recurso. Deita-se então a seu lado e concebe Eros.

Gerado no dia do nascimento da bela deusa Afrodite, Eros torna-se seu companheiro e servo e amante do belo. Sua natureza é uma herança de seus pais: Recurso e Pobreza. Por causa da mãe, vive sempre com a deficiência, não é belo, mas pobre, descalço, morador de rua, dormindo junto às portas das casas ou na beira das estradas. Por causa do pai, ele está sempre envolvido com o belo e o bom, é corajoso, caçador terrível, vive tecendo tramas; ávido de sabedoria e cheio de recursos, passa a vida a filosofar. Não é nem imortal nem mortal. Na mesma hora em que floresce, morre, e de novo ressuscita. Não é rico nem é pobre, nem sábio nem ignorante. Essa natureza intermediária, entre o excesso e a deficiência, o define.

Sua recriação é completada com a diferença entre apetite sexual e desejo sexual. Enquanto o apetite busca os prazeres que forneçam satisfação imediata por meio da posse e do consumo dos objetos do mundo, *eros* é o desejo desencadeado pela percepção da beleza, que, embora esteja presente, aponta para uma dimensão transcendente. Essa promessa de transcendência exclui a possibilidade de que a satisfação plena, na posse ou no consumo, seja possível, como acontece com qualquer apetite. O objeto do desejo não é a finalidade última de *eros*; não há, portanto, como obter a plena realização do desejo sexual. De Hegel a Freud e seus seguidores, a reinvenção platônica de *eros* foi reproduzida incessantemente, gerando uma visão quase consensual sobre a natureza do desejo: "o desejo é falta", "o objeto real do desejo é inacessível". Certamente, Platão não assinaria embaixo dessas reproduções; o original, nesse caso, é bem diferente.

Platão faz com que os objetos do desejo sexual tenham apenas uma função instrumental. Em um sentido positivo, permitiriam a percepção de alguma coisa que ultrapassa o objeto; e, em um sentido negativo, o equívoco de tomar o objeto do desejo como objeto da posse e do consumo. Esse dilema está presente no casal na cama diante de Hefesto: eles têm o pressentimento de que há algo de irredutível naquela experiência, que o outro desejado não pode ser consumido, mas mesmo assim essa ilusão de saciedade se mantém. Assim como se acredita que o copo de água irá matar a sede, acredita-se que a beleza da pessoa desejada é uma propriedade que, se absorvida, é capaz de saciar o desejo. O oposto dessa ilusão faz do desejo sexual o meio para a compreensão de que o objeto último do desejo não é uma coisa do mundo, mas está enraizado em uma realidade mais profunda — não no sentido psicológico, mas no sentido ontológico, no sentido da realidade mais profunda das coisas. Assim, *eros* não seria meramente sexual, mas a força de ligação entre o mortal e o divino. O sexual é apenas uma das manifestações de *eros*; não há como reduzir *eros* ao desejo sexual.

Como o apetite, Eros, a divindade, também "vive permanentemente com a deficiência", segundo Diotima. A beleza visível que aciona o movimento circular e repetitivo do apetite passa a ser também a mola propulsora da espiral ascendente de *eros* na direção da visão intelectual da beleza.

A deficiência está na origem de ambos, tanto de *eros* quanto do apetite. Só se deseja aquilo de que se é deficiente. Essas são as mesmas condições para a filosofia. Se não se sabe deficiente de alguma coisa, não se deseja essa coisa. Do ponto de vista da *deficiência*, não há como diferenciar *eros* de apetite.

Diotima introduz um aspecto excessivo que permite a grande ruptura com o modelo do apetite. Isso talvez explique por que quem conduz essa mudança é uma sacerdotisa, e não um sacerdote. Quando faz Diotima afirmar que "todos os homens estão grávidos", Platão confere o privilégio da natureza feminina, a gestação, também ao gênero masculino. Na maturidade, todos nós sentimos o desejo natural de dar à luz, mas isso só é possível diante da beleza. Assim, o desejo deixa de ser pensado como busca por preenchimento de uma falta, pela absorção do objeto que, por sua vez, deixa de ser algo passível de ser meramente consumido. O objeto mais profundo do desejo é algo diante do qual é possível gerar, fazer nascer, criar.

Há, portanto, uma dupla deficiência que corresponde à natureza dual da beleza. Embora a reminiscência da Forma da Beleza não seja diretamente mencionada por Diotima, ela parece estar pressuposta na ideia da gravidez espiritual. Diante da beleza visível, apenas quem está "grávido" pode chegar até a Forma da Beleza, ou, em outras palavras, pode revelar o que, sem saber, carrega dentro de si mesmo. Esse elemento oculto é inseparável da natureza de *eros*. Ele tem uma tendência para o verdadeiro, é essa deficiência purificada que — como diz Diotima — "permanentemente o acompanha". O desejo erótico é *procriativo* e tem uma dimensão ética indispensável. Precisa "procriar" para obter permanentemente o bem, por isso o desejo pela imortalidade só se concretiza com a criação da virtude.

A virtude procriada gera a felicidade. Ética e erótica não estão separadas, mas, digamos, unidas esteticamente. Não se pode obter a virtude sem a inspiração da beleza. O movimento conduzido pela deficiência culmina então na contemplação da Forma da Beleza, uma beleza não "infectada pela carne humana e as cores etc.". Desviada da imperfeição da imagem, a deficiência erótica estabelece uma conexão permanente com aquilo que é puro e verdadeiro. A doutrina erótica de Diotima começa com a sexualidade, com um apetite, mas termina com a contemplação da beleza incorporal. Há uma conversão do impulso sexual em paixão pela verdade.

No entanto, os objetos do desejo erótico — ao contrário dos objetos do apetite — são insubstituíveis e singulares, não são classes de objetos. Isso permite uma experiência com um tipo de valor que o apetite jamais poderia oferecer. O amante recebe a promessa de algo valoroso encarnado no objeto do desejo que o torna algo distinto de todos os demais objetos. Nele, algo irredutível aponta para uma dimensão que os ultrapassa, algo de valioso o singulariza. Ele promete um bem que pode tornar a vida plena; em suma, *eros* é uma promessa de felicidade. Uma felicidade erótica não exclusivamente sexual, ou não redutível ao sexual. Não se trata de uma relação entre duas pessoas, duas metades, mas uma relação triangular. Um terceiro termo, a Beleza transcendente, explica a atração irresistível que sentimos e se manifesta em alguém. Para Platão, entretanto, a atração erótica não se reduz ao amor entre casais, mas permeia todas as atividades humanas. O mundo é erótico.

Por isso, toda pessoa apaixonada é platônica; não porque o *eros* platônico exclui o sexual, mas porque seu desejo sexual é mediado por um valor, uma ideia que o objeto da paixão materializa diante dela. A experiência erótica não pode ser limitada ao sexo, porque o sexo é apenas uma face da experiência erótica. Se quisermos saber como alguém busca o bem de sua vida, devemos lhe perguntar quais as coisas que exercem atração sobre essa pessoa. Quais são as coisas que ela julga serem belas? São essas coisas que, supostamente, preencheriam de sentido erótico sua vida. A atividade do marceneiro, ou a do atleta, ou a do flautista que incentiva em cada um deles a criação entusiasmada da virtude é, nesse sentido, erótica. Todas as pessoas são traduzíveis em valores, escolhas e atividades; ao tornarem valiosas as atividades que desempenham, estão entusiasmadas pela criação erótica. *Eros* exige sempre, quando surge, que criemos um mundo que, como ele, seja uma promessa de felicidade.

Eros não é aquisitivo, *eros* é criativo. Não é preciso comprar o quadro de Matisse para saciar seu desejo. Ou melhor, de nada adiantaria comprá-lo, porque a real satisfação está no que ele pode promover em sua vida. O poder transformador de *eros* está nesse entusiasmo que o faz agir de certo modo, que o faz tornar a atividade a qual se dedica perfeita a ponto de fazer com que sua vida floresça.

Assim, a finalidade do desejo erótico não pode se esgotar na obtenção do objeto; pelo contrário, o objeto do desejo é inesgotável, a luminosidade que banha sua beleza não tem origem no próprio objeto, mas, sim, em algo que o ultrapassa. Essa é a felicidade que a beleza promete. O apetite torna possível a vida biológica e sua perpetuação ao ligar a deficiência do corpo ao seu objeto — o vazio da fome ao seu alimento, por exemplo. *Eros* torna possível outro tipo de contato, um contato que permite a conexão de nossos vazios psíquicos ao alimento capaz de nos fornecer real saciedade. A contemplação filosófica é nutritiva e prazerosa; "o filósofo saboreia o ser", como irá dizer Sócrates em *A República*. Como a fome é um vazio do corpo, a ignorância é um vazio da alma. O que precisamos urgentemente saber é qual tipo de alimento preenche realmente esse vazio. Para isso, Sócrates propõe mais uma intrigante distinção: o preenchimento mais verdadeiro tem "mais ser" do que outros que têm "menos ser". Apenas o preenchimento com coisas mais "reais" é verdadeiro. Os prazeres que acompanham esse preenchimento são de outra natureza. São também reais e verdadeiros, como são os objetos que fornecem o verdadeiro preenchimento.

A resposta indireta dada por Diotima para a questão de Hefesto é que *eros* não é desejo por nossa outra metade. A resposta tragicômica dada por Aristófanes — de que buscamos uma metade perdida — supõe o modelo do apetite baseado na aquisição, na posse e no consumo do outro. A resposta está além. *Eros* não mais significa apenas desejo sexual, mas o impulso que dirige toda e qualquer atividade na direção do bem e da beleza. Essa promessa de felicidade que a beleza oferece falha quando o amante vê no amado a concentração de todo o bem, e o resultado é sempre o desengano e a frustração. Mas a promessa só é cumprida quando a intensidade de *eros* eleva-se até a Forma da Beleza e permite a criação diante da Beleza. A resposta do enigma do desejo sexual é, portanto, uma resposta metafísica e ética. A experiência da paixão, ao se desdobrar, devolve ao mundo sua unidade cósmica, composta de laços eróticos da Beleza.

O hedonismo platônico

No início de *A República*, um dos personagens, Glauco, desafia Sócrates a provar que a vida da pessoa justa é melhor que a vida da injusta. Os injustos são, aparentemente, os mais felizes, pois não se sentem obrigados a levar os outros em consideração. Ocupam-se apenas de seus próprios interesses e prazeres. A justiça, no entanto, é a virtude em que o bem alheio está em questão, pois exige que se abra mão do próprio prazer em função da parte que cabe aos outros. Assim, parece bastante difícil defender o que Sócrates defende, que "os justos são mais felizes".

Esse é o desafio que Sócrates recebe: provar que vale a pena ser justo. No final do diálogo, Sócrates está em condições de afirmar que a vida justa é melhor e mais feliz que a injusta. Fornece então uma série de provas de que quem vive justamente tem mais prazer. A questão ética perene "por que devemos ser justos?" recebe uma resposta que parece definitiva: devemos viver uma vida justa porque ela fornece mais prazer que a injusta.

Os argumentos que provam que a vida filosófica é a mais prazerosa provam, por consequência, que ela é a mais feliz. O critério é, portanto, hedonista: trata-se do grau de "prazeridade" envolvido em cada forma de vida. Sócrates afirma explicitamente que a disputa entre a vida do justo e a do injusto é sobre o prazer — e não sobre se a vida é mais nobre ou melhor que outra. Estabelecido esse critério, deve-se perguntar qual das duas vidas é a mais prazerosa ou mais livre da dor.

A adoção do prazer como critério para determinar o grau de felicidade surpreende de imediato. Mostrar que a vida injusta não é nobre não seria tão difícil, mas mostrar que ela é menos prazerosa que a vida da pessoa justa não é nada fácil. A grande dificuldade encontra-se na noção de apetite que está em jogo e na possibilidade de sua satisfação. Se os desejos humanos são do tipo *pleonético*, é evidente que os tiranos são os mais felizes, porque satisfazem seus apetites e obtêm os maiores prazeres — lembremo-nos de Cálicles. Mas o que Sócrates está colocando em xeque é exatamente esse modelo do apetite e do prazer correspondente.

Por isso, a prova decisiva de que a vida justa vale a pena ser vivida deve ser mesmo a "prazeridade". Surpreende mais ainda descobrir que a vida do filósofo é a que satisfaz realmente seus desejos, mas a vida do injusto, não. O filósofo seria quem é capaz de escolher, de cada tipo de prazer, os mais adequados.

Uma vida pode até ser considerada prazerosa, mas se não satisfizer realmente o desejo humano, não pode ser considerada a melhor vida. A explicação que precisa ser defendida é que X é prazeroso se, e somente se, satisfaz um desejo-deficiência. Esse modelo é o que entende o prazer como o processo de preenchimento de uma falta. Quanto mais genuíno for o preenchimento, mais genuíno será o prazer. Apetites seriam, por natureza, insaciáveis, pois constituem deficiências que nunca são realmente preenchidas. Outros desejos, entretanto, desejos do intelecto, são passíveis de satisfação real, ou seja, deficiências do intelecto seriam efetivamente preenchíveis. Temos, como consequência, que os prazeres de origem corporal são menos prazerosos que os prazeres intelectuais. Por isso, uma vida em que predominam os prazeres intelectuais é mais prazerosa que aquela em que predominam apetites. Mas até mesmo da satisfação de suas deficiências físicas o filósofo chega o mais perto possível, de modo que mesmo do ponto de vista dos prazeres do apetite, sua vida é mais prazerosa do que a de alguém que aceita irrestritamente todos os prazeres.

Como vemos, Platão estende o modelo fisiológico do preenchimento para além de sua esfera. A alma concebida como semelhante ao corpo, um quase organismo, permite uma explicação geral do prazer como preenchimento de deficiências; com a ressalva de que, estabelecida a correspondência entre graus de prazer e graus de realidade, uma escala de "prazeridade", possibilita a saciedade dos desejos humanos, impossível segundo o modelo do apetite. Os prazeres gerados pelo apetite ocupam um grau mais baixo nessa escala, e isso acontece simplesmente pelo exame de sua natureza. Eles são prazeres apenas na aparência, são prazeres negativos. Quando sentimos alívio de uma dor, não há nenhum prazer real, apenas o processo de diminuição da dor que nos engana sobre o que realmente acontece. Os prazeres reais são os que não nos aliviam das dores; eles estão acima na escala dos prazeres por serem prazeres positivos. Assim como na caverna platônica existem sombras das coisas reais, há sombras de prazeres, que são prazeres apenas na aparência. Os prazeres genuínos são apenas aqueles que, de algum modo, nos colocam em relação com as outras pessoas e a realidade do mundo.

Quando questionamos, portanto, "qual a forma de vida mais prazerosa que podemos viver?", temos agora uma resposta: a vida filosófica. Os únicos prazeres que realmente podem saciar o ser humano são aqueles mediados pelo pensamento, e os únicos desejos passíveis de satisfação são os da alma.

Seria um retorno platônico ao hedonismo? Retorno não é a palavra certa. Platão parece ter trabalhado arduamente em uma criação filosófica que pudesse competir com os hedonismos de seu tempo. Um modo de estabelecer uma medida para o prazer que mantivesse o hedonismo, mas desqualificasse certos prazeres.

É importante observar que nem todos os prazeres diretamente ligados ao corpo são desqualificados. Existem os prazeres necessários, que mantêm a vida biológica, e os prazeres puros. Quando sentimos um perfume, por exemplo, temos um prazer que pode ser muito intenso, mas ele não sacia nenhum apetite; não temos apetite por perfume. O que marca a diferença dos prazeres puros é que não há nenhuma dor que anteceda esse prazer, não percebemos que estamos preenchendo um vazio; nesse sentido, são divinos.

No começo deste livro, falávamos sobre a partilha dos territórios em Hesíodo. Vimos, naquela ocasião, que os deuses têm prazer apenas na superfície, no perfume que sobe dos sacrifícios, no sabor do néctar e da ambrosia. Não havia preenchimento de falta ou deficiência. Eram prazeres puros. Prazeres que ocupavam o alto da escala vertical da terra ao Olimpo.

Apenas os prazeres do pensamento são verdadeiros. O que Sócrates quer dizer com isso? Quando dizemos que um prazer não é real, dizemos que não existe, que simplesmente não é prazer. Como chamaríamos de prazer o que não é prazer? Platão elabora a difícil noção de prazer falso ou irreal, prazer que não teria relação com a realidade. Seriam apenas imagens distorcidas, ou sombras de coisas reais. Por se assemelharem aos prazeres reais, seriam chamados também de prazeres. Assim, os prazeres gerados pelos apetites não seriam propriamente prazeres, seriam apenas tentativas frustradas de preencher deficiências físicas.

A pessoa que afirma ter prazer com seus apetites está, de algum modo, iludida sobre o que está acontecendo com ela. Isso não quer dizer que ela não tenha uma experiência prazerosa, e sim que ela não está aplicando as noções filosóficas que permitem distinguir as várias formas de prazer e apontar quais delas são as mais verdadeiras e quais são as falsas.

No *Filebo*, um dos últimos diálogos escritos por Platão, o prazer é o tema central. Ele aparece agora em toda a sua complexidade, em suas múltiplas e variadas formas. A questão que move a discussão sobre os prazeres no *Filebo* é como determinar os ingredientes da composição da Vida Boa. Logo no início do diálogo, o ponto fundamental é estabelecido: viver uma vida sem prazer é inaceitável; isso não seria viver uma vida humana, seria a vida de uma ostra. A vida humana é um misto de prazeres e conhecimentos. A questão que importa, então, é como escolher os prazeres e os conhecimentos que entram na composição. Uma vida humana deve ser pensada, portanto, como a perfeita mistura de prazer e conhecimento.

Capítulo 5
Dores góticas, volúpias privadas

O fim do hedonismo grego

O hedonismo grego sobreviveu até o final do século IV de nossa era — o epicurismo foi seu canto de cisne. Alinhado à tradição platônica, Epicuro produziu a mais atraente filosofia de seu tempo. Brotada da profunda raiz hedônica, ela se propagou pelo mundo grego em escolas e guias práticos ensinando como viver uma vida de prazeres. Assim, quando apóstolos e padres da Igreja quiseram cristianizar os gregos, sentiram-se obrigados a combater não apenas as divindades pagãs, mas o hedonismo entranhado na alma grega e sua expressão mais atual e popular, o epicurismo.

Epicuro pagou um preço alto por esse confronto involuntário: sua obra praticamente desapareceu. Os fragmentos que sobraram, entretanto, indicam a dimensão de sua grandeza, mas não de sua unidade. A expressão unificada dos ensinamentos dispersos de Epicuro pode ser encontrada no poema filosófico "Sobre a natureza das coisas", de seu discípulo Lucrécio. Além dessa visão de conjunto, Lucrécio apresenta uma reflexão peculiar sobre o sexo, o amor, a morte, o ódio e as ilusões que costumam acompanhá-los. Lucrécio faz uma análise meticulosa dessas ilusões como doenças que infeccionam a alma e cuja cura depende de uma terapia; a filosofia epicurista é essa medicina da alma. Nela, os argumentos filosóficos funcionam como instrumentos cirúrgicos, extirpando da alma as crenças falsas e gerando, assim, uma vida de prazer sem mágoas, medos ou obsessões.

Por antecipação, a filosofia de Epicuro constituía um contraponto crítico virulento às aspirações e crenças cristãs: negava a possibilidade de intervenção divina no mundo, negava a imortalidade da alma e não admitia um bem maior que o prazer. Por essa razão, Epicuro transformou-se, aos olhos dos evangelistas, em uma espécie de Cristo às avessas. Outra razão para que Epicuro tenha sido escolhido como alvo dos ataques indiretos dos cristãos é meramente estratégica: o epicurismo era a filosofia a se combater por estar disseminada pelo mundo a ser cristianizado. Até o final do século IV, encontrava-se espalhada pelo Império — na Lícia, na Síria, no mar Negro, e não concentrada apenas em Atenas. Nas palavras de Lucrécio, foram as "descobertas divinas" de Epicuro que fizeram sua fama se disseminar e atingir "o céu".

Como explicar essa atração que Epicuro exerceu sobre seus contemporâneos? Epicuro parte do seguinte ponto: se uma vida edificada sobre o poder, a riqueza e o status social não consegue proteger o ser humano das mais agudas perturbações, se ele continua movido por paixões agressivas como a raiva e acaba por destruir a própria vida contra sua vontade, é preciso que a filosofia construa uma fortaleza segura capaz de proteger e curar o indivíduo das doenças psíquicas que o impedem de viver uma vida prazerosa e feliz.

A metáfora da fortaleza é apresentada por Lucrécio da seguinte forma: quando o vento agita o oceano, gostamos de assistir, da terra, às pessoas enfrentando a tempestade; não porque temos prazer em contemplar o sofrimento de alguém, mas porque nos dá prazer observar os problemas dos quais estamos livres. Os maiores prazeres são obtidos quando subimos ao topo das regiões mais tranquilas, fortificadas pela sabedoria. Do alto, olhamos para baixo e vemos os outros, vagando a esmo, em busca do modo certo de viver — competindo por prestígio, riqueza, poder, escalando a vida social em meio a uma tempestade de perturbações e sofrimentos.

Para Epicuro, nenhuma dessas coisas — riqueza, poder ou prestígio — pode ser o fim último da vida humana, a não ser o prazer. Ele é o último termo da série de objetos do desejo, não havendo nada que possa ser desejado depois dele ou a partir dele. Todas as demais coisas que podem ser desejadas são apenas meios para atingi-lo. Como o supremo bem, o prazer é o bem que deve ser buscado, e a dor, o mal a ser evitado. Assim, todo prazer, enquanto prazer, é bom, e toda dor, enquanto dor, é má. A evidência incontestável disso, para Epicuro, é que os animais espontaneamente buscam o prazer e rejeitam a dor. Tal evidência não precisa ser demonstrada por argumentos, como não precisamos de argumentos para provar que a neve é branca, ou que o fogo é quente, ou que o mel é doce. A percepção é suficiente para demonstrar isso.

Mas, obviamente, isso não é tudo. Nem todos os prazeres são dignos de escolha, as circunstâncias fazem a diferença. O maior prazer é, na realidade, a remoção de toda dor. Portanto, todos os prazeres que resultam em excesso de dor devem ser evitados. Não devemos escolher no presente prazeres que resultem em dores maiores futuras, mas devemos, por outro lado, escolher dores que provoquem maiores prazeres futuros. Como vemos, estamos de volta ao cálculo hedonista inventado por Platão em *Protágoras*. Isso torna Epicuro um hedonista cujo princípio fundamental, a prudência, fornece a atitude sóbria e racional necessária para investigar as razões pelas quais, por meio de nossas escolhas e recusas, podemos obter os prazeres da tranquilidade e assim nos afastarmos das crenças ilusórias que nos lançam em um oceano de perturbações.

A fortaleza é uma imagem da alma imperturbável. Quando certos obstáculos são removidos, conquista-se a ataraxia, a imperturbabilidade, o supremo bem. Esses obstáculos são, em sua maioria, crenças falsas sobre bens que não são essenciais para a felicidade humana. O epicurista tem crenças verdadeiras sobre o mundo e, nesse sentido, está em consonância com o cosmo, desfrutando de uma felicidade que em nada deve à felicidade imperturbável dos deuses.

Sócrates, como vimos, havia chamado de ilusórios os prazeres que resultam do alívio das dores. Eles ocupariam na escala dos prazeres uma posição intermediária entre os falsos prazeres e os verdadeiros; algo como o ponto zero da escala de prazeres. Coerentemente com sua visão de que os prazeres são movimento — preenchimento de deficiências —, Sócrates afirma que o repouso não poderia ser chamado de prazer. Epicuro rejeita essa ideia e distingue dois tipos de prazeres: os cinéticos e os estáticos. Os primeiros são prazeres que advêm da ausência de qualquer desejo não satisfeito (a fome, a sede, o frio). Os prazeres estáticos, ao contrário, têm sua existência fundada no repouso. A felicidade humana estaria nesse estado isento de toda perturbação e de todo desconforto mental ou físico.

Se, por um lado, Epicuro aceita que haja prazeres no alívio das dores, rejeita, por outro, a vida de maximização dos prazeres. Combate, portanto, o ideal de Cálicles em *Górgias*: a *pleonexia*. Rejeita a vida dos "vasos furados". Os prazeres cinéticos estão em uma posição de inferioridade em relação aos prazeres estáticos. Essa inferioridade não significa, no entanto, que eles devam ser extirpados ou que não desempenham um papel na felicidade humana. Todo e qualquer prazer cinético que não implique dor é indispensável à vida.

Os prazeres estáticos são parentes próximos dos prazeres puros platônicos. Não derivam de deficiência dolorosa, ou pelo menos essas deficiências não são sentidas como dolorosas. Os prazeres do sexo, da comida refinada e da bebida são vistos como prejudiciais apenas quando não produzem benefícios a longo prazo. Portanto, a diferença estabelecida por Platão entre os apetites naturais, ou necessários, e os apetites artificiais, ou vazios, é mantida pelo epicurismo. Apetites como a sede e a fome são necessários e naturais. Não há nada de errado com eles. Há outros que são naturais, mas não são necessários: ouvir música, ver uma bela paisagem, sentir um sabor agradável. Há aqueles ainda que não são nem naturais, nem necessários: a ganância — desejo por riqueza ilimitada — e a ambição por poder e fama são formas de *pleonexia* que nos desviam do contentamento e da tranquilidade.

Como se explica a existência de desejos que não são naturais nem necessários? Segundo o epicurismo, esses apetites são provenientes de falsas crenças. Em sua maioria, são medos irracionais. Não que todos os medos sejam irracionais — medos não são naturalmente danosos. É racional temer um abismo, ou temer coisas que colocam nossa vida em risco, ou temer coisas que provocam dor. Há medos, no entanto, que são causados por coisas irreais e afetam nossa alma sem que percebamos. O medo da morte, por exemplo, é totalmente irracional. É um medo de algo que absolutamente não existe. Por temermos coisas inexistentes, erguemos uma proteção imaginária construída com o poder, a fama, a riqueza. Lucrécio chama essa construção imaginária de "antecâmara do inferno". Há modos de vida que habitam não a fortaleza no alto da montanha, e sim o castelo de areia das falsas crenças à beira-mar.

A terapia filosófica do epicurismo promete extrair cirurgicamente esses medos. Como eles dependem de crenças, a mera demonstração de que são falsas é suficiente para fazer desaparecer todos os medos. Tomemos o medo da morte como exemplo. Quando compreendemos que somos um composto de corpo e alma, um composto de átomos, compreendemos que nada pode sobreviver à dissolução desse composto. Essa compreensão faz o medo desaparecer, porque ele está fundado na crença de que estaremos lá quando a morte ocorrer. Mas, quando a morte ocorre, já não existimos mais. A morte não é uma coisa existente; não é, portanto, nada.

Outra crença que deve ser extirpada é a da providência divina. Os deuses de Epicuro estão em um estado permanente de perfeita imperturbabilidade e de contentamento com eles mesmos. Não podem ouvir preces e clamores humanos; isso seria perturbá-los. Eles servem, no entanto, como modelos inspiradores de vida plena de prazeres.

Compreende-se, assim, por que Epicuro foi alvo do ataque de apóstolos e padres da Igreja. A violência apropriadora que, como veremos, adaptou Platão aos ideais cristãos, encontrou em Epicuro um obstáculo intransponível. Seu hedonismo, seu materialismo, sua negação da providência divina e da imortalidade da alma eram inconciliáveis com o novo tipo de ascetismo que o cristianismo começava a inventar. Plotino ilustra bem esse reconhecimento quando afirma que os epicuristas seriam pássaros pesados demais para voar alto.

★ ★ ★

Epicuro e Lucrécio foram os últimos representantes da tradição hedonista grega. Ela foi sendo lentamente riscada do mapa até desaparecer completamente na antiguidade tardia. O próprio imperador Juliano justificava, no século IV, o desaparecimento dos escritos de Epicuro como efeito da intervenção direta dos deuses. Santo Agostinho, por outro lado, em uma carta do ano 410, afirmava que estoicos e epicuristas não fariam mais parte da escola de retórica. Esses são sinais do apagamento do epicurismo no mundo antigo. Com ele, desaparece o hedonismo grego.

Platonismo para cristãos

Não é difícil, portanto, imaginar por que os apóstolos, em seu esforço de cristianizar os gregos, identificaram no hedonismo seu grande inimigo, e em Epicuro seu representante mais perigoso. São Paulo, por exemplo, vai à praça grega, ao Areópago, pregar, entre outros, aos epicuristas. Familiarizado com a doutrina filosófica epicurista, Paulo esforça-se para falar como "um grego para os gregos", fazendo da mensagem libertadora cristã uma alternativa atraente para o hedonismo grego em pleno vigor. Esse combate ao prazer — que começa buscando apenas uma transposição do prazer do plano mundano para o sagrado — acaba valorizando o outro lado da moeda: a dor. Essa valorização acompanha o surgimento de um tipo novo de ascetismo, construído a partir de experiências físicas e espirituais extremas.

Na Epístola aos Filipenses, Paulo parece atacar o epicurismo — sem nomeá-lo — quando alerta "cuidado com o cão". Como o cachorro, para os gregos, sempre esteve associado ao despudor, Paulo tenta fazer de Epicuro um hedonista rústico, que aceita irrestritamente qualquer tipo de prazer. Outra referência indireta é: "Seu deus está na barriga." De fato, Epicuro afirma que o estômago está na raiz de todos os bens. Tomando as coisas pela raiz, Epicuro entende que o prazer está desde o início ao fim, mas isso não significa, em absoluto, a redução de todos os prazeres aos prazeres do apetite — que são, para Epicuro, cinéticos. Paulo fabrica uma idealização dos apetites e prazeres na imagem do deus-estômago para combater, ainda que retoricamente, Epicuro.

Os amigos do prazer tornam-se assim "os inimigos da cruz". E o prazer sofre um deslocamento crucial: passa da esfera pública para a esfera privada. "Meus irmãos", exorta ele, "tenham prazer no Senhor". Esse desvio terá muitos desdobramentos e aprofundamentos futuros. Cabe ao cristão, segundo Paulo, ter prazer na dor, ter contentamento no sofrimento. A luta contra o Demônio, para o cristão, torna o sofrimento inevitável e a resistência ao mal, uma dor com valor positivo. O prazer ainda é possível, mas desde que seja um prazer "no Senhor". Esse acesso privilegiado e privado a Cristo, pela prece ou por qualquer outro meio, promete um prazer alternativo aos prazeres ligados à vida humana, e uma paz conquistada "até mesmo no sofrimento". Paulo sabe do que fala: na cidade de Filipos, ele cantava hinos alegremente depois de ter sido espancado e atirado na prisão. Paulo sugere que é ele o modelo a ser seguido: "Façam também essas coisas que vocês aprenderam, receberam, ouviram e viram em mim, e Deus estará convosco. Eu tenho muito prazer no Senhor."

Em resumo, o cristianismo inverte o sinal de valor do prazer e da dor estabelecidos pela tradição grega. Enquanto na tradição grega o prazer tem um valor positivo, e a dor, negativo, o prazer passa a ter sinal negativo quando não é proveniente de uma relação individual com a divindade, e a dor física, valor positivo, sendo buscada por ela mesma. Ela repete o sacrifício de Cristo e permite, assim, antecipar os prazeres, não desta, mas da outra vida.

No entanto, há o reconhecimento do prazer real que deve ser suplantado em grandeza por um prazer no Senhor. Nos primeiros séculos do cristianismo, a tentação era tida como instantânea. Apenas um olhar era suficiente para realizar o desejo, por exemplo, do adultério. O prazer estava sempre disponível e fácil de ser alcançado. Um automatismo permitia que o prazer se realizasse dentro da pessoa, mesmo sem se efetivar na realidade. Em nome de tal prazer, o desvio para a transcendência era solicitado. Platão concebeu o prazer filosoficamente, mas o prazer dos apetites era refém da insaciabilidade, praticamente inacessível; para os cristãos, ao contrário, o prazer era bem acessível, porque o desejo perigoso era plena e facilmente realizável.

Ao contrário de Epicuro — na metáfora platônica de Plotino —, Platão foi visto como um pássaro leve, capaz de voar até as alturas do reino do céu cristão. Para que isso fosse possível, a doutrina platônica das Ideias ou Formas precisou ser apropriada e adulterada pelos escritores cristãos, e o hedonismo platônico, revertido em um hedonismo místico, motivando, assim, a criação de um novo tipo de ascetismo.

Orígenes é um bom exemplo da apropriação da filosofia platônica pelos padres e escritores cristãos. Para ele, todas as coisas percebidas pelos sentidos teriam existência plena de intensidade na fonte de todas as coisas: Deus. O reino espiritual estaria, portanto, cheio de prazeres cujo deleite sensório teria sido escondido por uma espécie de dormência espiritual. Essa alegria original da sabedoria de Deus — experimentada por profetas e evangelistas — estaria acessível, mas apenas àqueles "que derreterem seus corações congelados". Trata-se de uma riqueza de sensações espirituais que escapa à experiência ordinária: é possível ver, ouvir, sentir o sabor, o odor e ser tocado por Deus. Para isso, uma revolução de todos os sentidos é requerida. Para saborear o gosto doce da sabedoria de Deus seria preciso que os sentidos sofram uma limpeza da sensibilidade, embotada por uma longa negligência. Seria preciso um retorno ao estado original da sensibilidade.

A tarefa de Orígenes, como guia espiritual, era conduzir seus discípulos a esse retorno. O retorno implicava tanto na recusa das sensações físicas comuns quanto na restauração do contato da alma com as delícias de outro mundo. Esse desvio, do sensível para o espiritual, ofereceria prazeres muito mais intensos que os ordinários. A ideia de um retorno a um estado original é uma adaptação teológica do hedonismo platônico que justifica um hedonismo místico — um "platonismo selvagem", como já foi chamado, apresentado por Orígenes em suas *Homilias sobre o Cântico dos Cânticos*, escritas em torno de 240.

A ênfase do cristianismo nascente é colocada, portanto, em um tipo de experiência de prazer espiritual e privado. Enquanto os prazeres puros platônicos — ligados, por exemplo, ao conhecimento — são públicos, compartilhados no diálogo, inseparáveis de uma relação com os outros e com o mundo, os prazeres do espírito obtidos por um acesso privilegiado a Cristo, prazeres "em Cristo". Já não dizem respeito, portanto, ao mundo vivido, são delícias antecipadas de outra vida, que confirmam a promessa de uma vida posterior à morte. Além desse prazer sagrado, a dor passa a ter também uma fonte espiritual. Passa a ser pensada como dor mimética, imitação dos sofrimentos do Cristo na crucificação. Com o aprofundamento do ascetismo cristão, a dor caminha a passos firmes para assumir o centro da cena religiosa e cultural no fim da Idade Média.

Esse platonismo não se resume simplesmente à rejeição da experiência sensível. O espírito precisa aprender a desfrutar da delícia dos prazeres profundos que advêm de Cristo. Isso significava, na verdade, para Orígenes e seus sucessores, que a disciplina dos sentidos não era simplesmente a contenção, mas a exigência de que eles fossem ultrapassados. Segundo essa visão, as experiências sensórias normais produziriam uma antissensibilidade, um embotamento da verdadeira capacidade do espírito de obter prazer genuíno. Essa antissensibilidade funcionaria como uma "almofada", amortecendo e reduzindo o impacto dos prazeres mais vivos e mais profundos do espírito.

A metáfora da almofada amortecedora remete e se explica por outra, platônica. Sócrates, no *Fédon*, afirma que quando experimentamos uma sensação intensa de prazer ou dor somos levados a tomar sua causa como a coisa mais real e verdadeira, mesmo que não seja real. O prazer teria, assim, uma dimensão cognitiva, estaria relacionado à verdade ou à falsidade. A percepção que temos do mundo é o ponto de vista de uma prisão construída com os prazeres-pregos. Uma prisão intensiva que potencializa as sensações, fazendo com que cada experiência de prazer seja vista como uma experiência com a mais profunda realidade. "A alma de alguém que se aproxima da filosofia está presa" — diz Sócrates. Nessa situação, é obrigada a ver "as coisas reais" não como são, mas "através das frestas dessa prisão". A metáfora do canal entupido cria a ideia de que temos acesso apenas a uma parte da realidade, filtrada pela perspectiva da prisão.

Essa ideia mobilizou toda uma tradição mística e psicodélica. Recriada pelo "platonista selvagem" William Blake em um livro célebre (*O casamento do Céu e do Inferno*), que afirma em uma das passagens mais famosas: "Se as Portas da Percepção forem desobstruídas, cada coisa surgirá para o ser humano como é: infinita. / Pois o homem se trancou de tal modo que ele vê todas as coisas através das frestas estreitas de sua caverna." A referência à passagem do *Fédon* é clara, sem mencionar o jogo que ele faz entre a prisão e a caverna, protótipo platônico da experiência sensória. Blake escreveu esse poema no fim do século XVIII. Em meados do século XX, Aldous Huxley publicava *As portas da percepção*, fazendo ecoar mundo afora a enigmática hipótese de Blake como um convite — ainda sóbrio — à psicodelia.

Em vez do conta-gotas miserável da realidade ordinária, existiria um feixe enorme de sensações pronto para invadir os olhos, como o jato de uma torneira aberta no rosto. O livro de Huxley é o relato das experiências quase científicas com a mescalina. Seus resultados confirmam e reformulam a hipótese de Blake em termos psicotrópicos: "Se houver uma substância química capaz de desobstruir os canais perceptivos humanos, as coisas serão vistas como elas realmente são." A substância para a desobstrução dos canais sensórios enfim fora descoberta: a mescalina. As "iluminações", as epifanias e os delírios sinestésicos, privilégio outrora de santos, artistas e loucos, estavam agora à disposição da humanidade.

Alguns anos mais tarde, o renomado professor Timothy Leary, voltando de uma viagem ao México, monta um ousado projeto de pesquisa em Harvard sobre alucinógenos. O jovem *beat* Allen Ginsberg se oferece para participar da experiência. Estava montada a cena: Ginsberg e Timothy, convencidos de que o LSD ampliava a consciência humana, saem em caravana divulgando os novos êxtases baratos e portáteis. A viagem estava prestes a poder ser feita sem sair do lugar, e o lema de Leary torna-se um mantra: "Fique ligado, sintonizado e dê o fora."

De Rimbaud e seu "desregramento de todos os sentidos", passando pelo alargamento da consciência de Leary, ao neodionisismo de Jim Morrison, ecos do "platonismo selvagem" continuaram a reverberar na cultura psicotrópica contemporânea.

O laboratório da dor sagrada: os padres do deserto

A luta contra o prazer parece ser vã. Montaigne parece chegar a essa conclusão quando afirma que todos concordam que "mesmo que escolham diferentes meios para atingi-lo, o prazer é o nosso objetivo". "Até mesmo", acrescenta, "aqueles que o procuram na virtude em si querem no final a volúpia". Esse parece ser o caso da recusa do hedonismo grego e da valorização da dor e do sofrimento pelo cristianismo. O resultado terminou por trazer de volta o prazer, ainda que um prazer paradoxal, extraído da dor.

Ascetismo é uma noção grega. *Askesis* significa exercício, disciplina, treinamento para a aquisição de beleza, força ou virtude. O ascetismo grego desempenhou uma função importante na cultura atlética, guerreira e filosófica. De nenhum modo ele está associado à desvalorização do corpo; é, pelo contrário, um treinamento para torná-lo mais forte, mais belo, excelente. No ascetismo cristão, uma apropriação do ascetismo grego, não temos mais o ginásio com seus atletas, guerreiros e filósofos, mas o deserto — ou a arena — com seus mártires, eremitas e santos. O ascetismo passa a ser não um exercício para dominar desejos e prazeres, como era comum entre os gregos, mas um treinamento para extirpá-los. Devemos imaginar os mártires e santos cristãos como participantes de uma estranha olimpíada nas arenas de Roma, lutando contra pagãos e contra eles mesmos. Já se mostrou como a representação dos eventos da paixão no Novo Testamento apresentam, na realidade, uma inversão do ideal atlético olímpico. A agonia no jardim, o desnudamento, a flagelação, até o coroamento, em vez de louros e espinhos, são etapas invertidas das provas atléticas gregas.

A visão grega do corpo distingue-se bastante da visão que começa a circular entre os cristãos do segundo século. Os gregos entendiam o corpo como uma multiplicidade, como a multidão de uma cidade que precisava ser administrada. O corpo podia ser controlado, dominado, mas não transformado. No segundo século, essa visão começa a mudar. Os filósofos gregos tinham estabelecido um ideal da contenção, treinado a resistência aos apetites e prazeres, aprendido a não se submeter a eles, exercitado os instintos para atingir metas racionais. Os cristãos propõem outro ideal: não experimentar nenhum desejo, nenhum prazer físico; eliminá-los.

O corpo — seus desejos e prazeres — passa a ser visto como lugar privilegiado da manifestação do mal, e, para combatê-lo, o ascetismo cristão precisou inventar novos exercícios e disciplinas. Nesse contexto, as tentativas de conceber um novo sentido e um novo valor para a dor aparecem no esforço prático dos primeiros padres da Igreja no centro e na periferia do cristianismo nascente. Um esforço ideológico tanto para adaptar a filosofia grega a fins cristãos quanto para criar um novo corpo.

O deserto foi o laboratório para a criação desse novo tipo de experiência com os desejos e prazeres. O deserto, por ser o avesso do mundo humano — espaço árido, inóspito, onde a vida é peremptoriamente recusada —, passa a ser o lugar ideal para essa invenção. E a recusa tornou-se a condição necessária para a criação de uma vida aparentemente impossível de ser vivida. A aniquilação do desejo e dos prazeres tem como requisição a existência de um novo tipo de ser humano, também aparentemente impossível. "Fazer do deserto uma cidade" e do avesso do homem um novo homem — esse é o projeto dos Padres do Deserto.

O deserto é escolhido por ser uma fronteira entre uma geografia humana e outras desconhecidas. Para quem quer escapar do mundo, o deserto possibilita a insólita experiência de estar fora e, ao mesmo tempo, dentro do mundo. Mas se, por um lado, estar fora do mundo parece tornar a vida humana impossível, por outro, é uma oportunidade de viver a vida no limite do possível e na chance de ultrapassá-lo.

Como isso se dá na prática? O deserto desafia a sobrevivência porque impede a satisfação dos apetites e prazeres. É, portanto, o laboratório perfeito para quem quer negar a força inexorável dos instintos humanos. A fome, por exemplo, foi o primeiro desafio ao qual os monges do Egito do quarto século precisaram resistir. A nova humanidade, que se nutria apenas de coisas espirituais, começou a ser construída pela abstinência alimentar.

A negação dos apetites tem a vantagem de aproximar ao máximo o asceta de Cristo, mas traz uma ameaça que passa a rondar sua cela: a queda na bestialidade. Vida humana e vida animal estão permanentemente correndo o risco da indistinção. Ao testar os limites humanos no deserto, o animal dentro do asceta pode acabar ganhando a luta. Era esse o maior temor entre os Padres do Deserto: a besta interna. O grande desafio era permanecer humano em uma paisagem inumana; o preço a pagar era viver acuado pelas exigências de superação dos desejos e prazeres; a finalidade, obter uma glória especial. Essa glória era a recuperação do corpo de antes da queda, antes que os desejos e os prazeres fossem instalados nele. É a glória de Adão no primeiro estágio do ser humano. Por isso, para buscar o retorno do corpo adâmico, o jejum era a principal prática ascética.

Comer o fruto proibido da Árvore do Conhecimento — essa teria sido a primeira transgressão. Nessa versão da queda, foi a fome, e não a sexualidade, o que teria instigado Adão e Eva a devorar a maçã. Essa era uma crença corrente. O deserto ofereceria, assim, a chance de lutar contra a primeira e mais terrível tentação de Adão, a fome.

Embora, nesse contexto, a conduta dos ascetas pareça movida apenas pelo ódio ao corpo e à vida, a motivação é outra. Não se trataria apenas de destruição e negação da vida. A severidade das restrições impostas ao corpo esconderia o objetivo positivo da transfiguração do corpo humano. A esperança de uma mudança radical na fisiologia humana viria a sustentar as terríveis experiências de automortificação praticadas nesses monastérios.

Os ascetas acreditavam que o corpo, em sua origem, era movido por sua própria energia. No momento da criação, portanto, não precisava de alimento. Os corpos de Adão e Eva seriam como esses engenhos que são capazes de funcionar indefinidamente por si mesmos. Com a queda, o uso do alimento

— desnecessário — acabou gerando um excesso de energia que teria exacerbado os apetites, as emoções e o impulso sexual. Por meio da abstinência, os ascetas buscam não a autoaniquilação, mas a recuperação, em seu próprio corpo, do corpo glorioso de Adão.

Crucificação encarnada: a dor sagrada

Extrair prazer da dor não é uma novidade na cultura grega. Vimos que um misto de prazer e dor desempenhava um papel positivo na poesia de Safo, eternizando experiências eróticas lancinantes. Em Platão, a dor ganha um valor ambivalente: pode ser "boa", quando funciona como meio para restaurar o equilíbrio na alma, e "má", quando significa o movimento vazio do desejo.

A experiência da tragédia grega dá a mais eloquente e intrigante demonstração de que a contemplação da dor dos outros pode ser um espetáculo de intenso prazer. É justamente esse tipo estranho de prazer proveniente da dor que Aristóteles tenta explicar com a ideia de catarse. A tragédia, segundo ele, mobilizaria certas emoções — no caso, o medo e a compaixão — de tal modo que produziria a catarse, a purificação dessas emoções. O prazer catártico seria uma experiência de compreensão dos aspectos mais profundos da existência humana. Apenas em sentido indireto, portanto, podemos dizer que, no contexto geral da cultura hedônica grega, a dor é boa. A dor sagrada, a dor que tem valor nela mesma, não é grega na origem.

Em muitas de suas cartas, Paulo, o apóstolo, trata a alegria com o sofrimento como efeito de um sacrifício ritualístico. Paulo utiliza vários termos gregos específicos do ritual antigo do sacrifício de animais para falar do sacrifício cristão. Por exemplo, na carta aos Romanos, ele afirma: "Rogo-vos, irmãos, pela misericórdia de Deus, que ofereçam os vossos corpos em sacrifício vivo e sagrado e agradável a Deus." O verbo *parastesai* (ofereçam) é o termo técnico para designar o oferecimento do animal sacrificial no altar. Essa adaptação do sacrifício grego está insistentemente presente nas Escrituras, e não apenas em Paulo. Desse modo, como o corpo do animal é oferecido do ritual pagão, o corpo de cada cristão deve ser entregue em sacrifício a Cristo.

Vimos, em Hesíodo, que a comunicação entre deuses e homens é possibilitada pelo sacrifício. Nesse ato, três territórios são demarcados — dos deuses, dos homens e dos animais. Para cada um, há desejos e prazeres correspondentes. No sacrifício cristão, a vítima sacrificial é o próprio ser humano vivo, e o tipo de comunicação que ele possibilita permite a participação no prazer divino por meio de um contato — direto, privado e privilegiado — com a própria divindade. Esse canal é aberto por meio do sacrifício, ou seja, por meio da dor e do sofrimento, e o prazer que decorre do sacrifício é um prazer religioso, de outro mundo e outra natureza que os prazeres desfrutados nesta vida.

Já no século II d.C., teólogos cristãos justificavam o martírio invocando a crucificação, o sofrimento e a morte de Cristo como a reação correta do cristão em relação à perseguição romana. Tertuliano (c.190 d.C.), por exemplo, aconselhava aos devotos de Cristo: "Tome a sua cruz e carregue-a como o fez o seu Senhor." A chave do paraíso está no sangue derramado. A partir dos primeiros séculos cristãos, muitos já estão dispostos a derramar seu sangue por Cristo. No fim da Idade Média, esse martírio assume o caráter de um fenômeno mais amplo, elevando essa tradição a alturas e a dores extremas.

Embutida nessa ideia de sofrer por Cristo está a noção de que a vítima da dor pode compartilhar sua experiência, sofrer pelos outros e afetar os outros com seu sofrimento. Nesse sentido, como diz o professor de teologia Ariel Glucklich, a experiência da dor é transitiva, compartilhável. Essa transitividade ocupa o centro da vida cristã, é a condição para o sacrifício e para a imitação do Cristo. Nos estigmas, a dor compartilhada atinge seu alcance máximo quando as feridas da crucificação de Cristo surgem visíveis no próprio corpo de quem experimenta um sofrimento compartilhado. Paulo, na Carta aos Colossenses, fala em completar, com seus sofrimentos, os sofrimentos de Cristo.

Essas inovações culturais e psicológicas exigem, como vimos, uma transformação do corpo, bem como dos meios necessários para realizá-la. Essa possibilidade foi aberta pelo fato de o próprio deus ter sido corporificado, crucificado e ressuscitado. Moisés é um exemplo da realização dessa possibilidade. Ele passou quarenta dias no Monte Sinai, com o corpo completamente "transfigurado pela presença de Deus", e seus apetites foram abolidos durante todo esse tempo. É para realizar essa possibilidade, livrando o corpo dos desejos, que o asceta se exercita na abstinência e na renúncia dos prazeres. O cristão deve buscar outro corpo, escapar das garras da animalidade. A renúncia aos desejos seria o meio prático de matar o animal interno dentro de cada um.

Um elemento complicador faz da renúncia uma tarefa interpretativa e interessante. A possibilidade de Satanás entrar na alma de alguém e lhe dar pensamentos e desejos é tão real como a de Deus fazer a mesma coisa. Surge assim um problema: como distinguir os pensamentos e desejos satânicos dos pensamentos e desejos divinos? Essa incerteza passa a atormentar os cristãos e fazer com que qualquer coisa que aconteça no seu corpo e em sua alma seja objeto de um implacável crivo interpretativo. É preciso vigilância e atenção redobrada para reconhecer o que está na raiz do desejo. Manifestações involuntárias, como os apetites, são o campo de ação preferencial do mal. O sexo, por exemplo, visto como um ato — uma atividade — pelos gregos, passa a ser tomado como uma paixão, uma passividade. Santo Agostinho, por exemplo, vê na ereção uma indicação clara de uma punição pelo pecado original. Qualquer manifestação, independentemente da nossa vontade, traz a marca da queda. A necessidade da detecção do pecado expõe a fraqueza da carne e o assédio das tentações que perseguem o cristão. A recusa das tentações garante certeza de prazeres futuros muito mais intensos que os prazeres humanos. Um outro corpo, diante de Deus, desfrutará dos verdadeiros prazeres.

O modelo do novo corpo buscado em vida pelo ascetismo cristão é, portanto, o corpo glorioso do Cristo ressuscitado. Um corpo cheio de marcas, de estigmas. *Estigma* é o termo usado para designar as feridas da crucificação de Cristo nas mãos, nos punhos, nos pés e na cabeça, causados pela coroa de espinhos. Paulo inaugura a tradição estigmática, que encontrará seu cume na dor "gótica", quando diz: "Eu trago no meu corpo as marcas (estigmas) de Jesus." São Francisco de Assis foi o primeiro, na história cristã, a manifestar estigmas. Segundo relatos, seus pulsos e pés pareciam ter sido perfurados por pregos, e seu torso, por uma lança; uma grande ferida sangrava, molhando sua túnica e suas calças com o "sangue sagrado".

Martírios e suplícios: as dores góticas

O termo gótico, assim como tudo que a ele está associado, exerce um enorme fascínio sobre as tribos contemporâneas, e suas ressonâncias medievais colaboram para isso. O gótico remete a um estilo de arquitetura visto pela Renascença como oposto ao estilo clássico e, portanto, irracional, desordenado, bárbaro. As tribos originais góticas, os godos, responsáveis pelas invasões bárbaras que contribuíram decisivamente para a queda do Império Romano, ofereceram o modelo negativo para essa adjetivação.

Como gênero de ficção, o gótico surge em meados do século XVIII, em pleno Iluminismo, como a face sombria, as Trevas das Luzes. A literatura gótica é, assim, obscura, lúgubre, e seus temas, repulsivos — o medo, o nojo, o terror. Invocam prioritariamente ideias e objetos que, certamente, causam dor e incômodo no leitor. Remetem ao período do fim da Idade Média, em que a arquitetura gótica pode simbolizar, entre outras coisas, a intensificação de experiências extremas com a dor.

Essa intensificação pode ser observada na iconografia do período. As imagens do Cristo ensanguentado e torturado predominam sobre as do Cristo criança dos séculos anteriores. Esse foco nas dores excruciantes permitia que as dores fossem vistas pelos mártires e santos como uma "doce comunhão", e os sons da autoflagelação, ouvidos como música.

Na batalha pela salvação da alma, a dor, desde o início do cristianismo, era a principal arma para exorcizar demônios e desviar tentações. Nessa batalha contra a carne, a espada do espírito era usada para cortá-la de forma a obter a mortificação necessária para a salvação. O modelo é Cristo carregando a cruz. A cruz humilha, disciplina e castiga. A doença e a dor, por extensão, são muito bem-vindas, pois podem ser usadas como armas de guerra — a guerra a que se referia santo Agostinho, entre o Espírito e a Carne.

No período gótico, essa guerra fez da dor, que era um meio para atingir um novo corpo, um fim a ser buscado por ele mesmo. As vidas de santos e místicos abundam com descrições de autotorturas e mesmo automutilações que apontam para esse desvio. A resistência à dor que o cristão manifestava na arena romana, quando era devorado vivo por feras, ou a do jejum dos Padres do Deserto, são bem diferentes da dor da autoflagelação voluntária e cultivada pelos santos e mártires do período gótico. Toda Sexta-Feira Santa, por exemplo, Clara de Rimini deixava-se amarrar a uma pilastra e era chicoteada por torturadores de aluguel. Edwiges da Silésia já fazia isso ela mesma, açoitava-se impiedosamente, ou com a ajuda de outra freira. Carlos I atava cordas cheias de nós ao redor de seu peito que lhe causavam inúmeras feridas e dores terríveis. Cristina de Spoleto perfurava seu próprio pé com pregos. Já Beatrice de Ornacieux perfurava as mãos e dizia ver estigmas nelas. Henrique Suso batia-se com um chicote com pontas tão violentamente que um dia o chicote se partiu em três e os pregos voaram contra a parede. Vendo-se todo ensanguentado, ele percebeu extasiado que seu corpo tinha assumido a mesma aparência do corpo de Cristo. O prazer espiritual, antes atingido indiretamente pelo uso das dores, passa a ser extraído diretamente delas.

Esse tipo de experiência "gótica" com a dor no fim da Idade Média é retratado em obras de pregadores, teólogos, pintores e poetas que se esforçaram em levar às casas dos cristãos e aos espaços públicos o sofrimento extremo de Cristo e da Virgem Maria. Escritores e artistas enfatizavam em suas representações os aspectos mais chocantes e terríveis — as feridas, o sangue, a expressão da dor física — do sofrimento de Cristo. Como esse sofrimento tinha força positiva, redentora, desde o século XIII ele não parou de alimentar o imaginário ocidental. Tomás de Aquino, por exemplo, dedica-se a mostrar que Cristo tinha sofrido em todos os seus sentidos: os olhos queimados pelo fogo, as orelhas agredidas por ruído e insultos, o nariz ofendido pelo mau cheiro, a boca amargurada com o gosto de fel e sua pele ferida pelos golpes das chicotadas. Se levarmos em conta as imagens e os textos desse período, nem Cristo nem a Virgem teriam ficado impassíveis diante do sofrimento. Expressaram-no por meio de palavras, lágrimas e gestos: "Suas palavras cheias de dor e gestos cheios de lágrimas poderiam amolecer um coração de pedra." Estava franqueado o caminho para a maximização da expressão das dores extremas.

Henrique Suso pergunta-se: por que Cristo teve que sofrer tanto para expiar o pecado humano? Isso não poderia ter sido feito de outra forma, evitando a dor e a degradação da crucificação? A resposta é previsível: algumas coisas estão além da compreensão humana. Mas Suso acaba vendo uma orientação prática nas inversões implicadas na crucificação do Cristo: "Sua deformação dolorosa será, pela graça espiritual, a beleza alegre de minha alma, seu esforço punitivo será meu descanso perfeito, seu naufrágio pesado será para mim constância em virtude e elevação; seus ferimentos graves devem curar minha alma de feridas e pecado." Quem quiser, portanto, seguir o Cristo deve imitar seus sofrimentos e lutar com todas as suas forças para sentir as mesmas feridas, a mesma dor, a mesma humilhação e o mesmo sofrimento pelos quais ele passou.

Medicalização da dor

Cento e cinquenta anos de psicologia médica varreram de nossa memória cultural essa experiência em que a dor tem um significado positivo para quem a sente. Sobrou-nos apenas o aspecto negativo, desintegrativo, da dor. Nesse sentido, Ariel Glucklich fala de uma amnésia cultural coletiva em relação à dor religiosa. A dor tornou-se uma sensação privada, muda, incomunicável, não compartilhável. No entanto, sabemos que a dor não é tão simples. A dor física de um paciente terminal ou a de uma vítima de um acidente é completamente diferente, por exemplo, da dor buscada voluntariamente pelos praticantes da automutilação.

Glucklich recoloca a questão: por que as pessoas religiosas se autoflagelam? Qual o efeito desse tipo de dor na pessoa? A dor religiosa parece permitir uma mudança do estado de consciência e uma alteração emocional que faz com que a pessoa se sinta parte de uma coletividade mais ampla, ou tendo acesso a um estado mais profundo da existência. A dor sagrada, por exemplo, teria função integrativa. Fortaleceria os laços com a divindade e com uma comunidade. Essa força integrativa estava aparentemente perdida.

Dos Padres do Deserto ao Marquês de Sade, a questão da dor foi intensamente debatida. Hoje em dia, tanto na área médica quanto no âmbito metafísico, é estranhamente pouco discutida. Esse desinteresse parece ter alguma relação com a amnésia da dor sagrada e com a medicalização da dor.

Com a invenção da anestesia na década de 1840, o processo da medicalização da dor foi desencadeado, mas não sem resistências. Como resultado desse processo, a pessoa que sente qualquer tipo de dor manifesta apenas sintomas. A dor não tem nenhum significado para elas. Como consumidor de serviços médicos e psicológicos, o paciente deve levar sua dor para ser "lida" e interpretada por um especialista. A ideia de que a vida indolor é um direito fundamental começa a se impor como um modelo (com a ressalva de que depende da qualidade dos serviços médicos e das condições de compra desse serviço pelo paciente).

Em um livro célebre, *Blessed Days of Anaesthesia*, Stephanie J. Snow mostrou como a religião — mais especificamente, o cristianismo — contribuiu para retardar a aceitação do uso de anestesia para aliviar a dor e o sofrimento dos pacientes. Na introdução do livro, ela afirma: "Na teologia cristã, a dor entrou no mundo após a desobediência de Eva no Jardim do Éden e permaneceu central para a humanidade." Em uma estrutura cristã, o sofrimento durante o parto, por exemplo, era considerado um lembrete necessário e permanente do pecado de Eva. A citação bíblica "Multiplicarei grandemente a sua dor na gravidez; com sofrimento você dará à luz filhos" (Gênesis 3, 16) era usada como argumento para que o uso de éter ou clorofórmio fossem proibidos no parto. Era comum acreditar que evitar a dor era agir contra a vontade de Deus, e isso teria impedido a imediata aceitação da anestesia. A Virgem Maria era o modelo positivo: não teria sofrido nenhuma dor física. A mensagem era clara: a dor estava na alma, resultado do pecado e da culpa.

O advento da anestesia, vencendo as resistências religiosas, permitiu que a dor fosse reavaliada e passasse a ser assunto médico, um assunto que tinha mais a ver com o corpo que com a pessoa em sentido mais amplo.

O sofrimento, entretanto, é menos uma sensação qualquer que uma reação emocional a um sem-número de coisas não necessariamente dolorosas. O sofrimento pela perda de uma pessoa querida, por exemplo, não é provocado por uma sensação física, é uma reação emocional. Embora saibamos hoje mais do que nunca sobre os mecanismos neurológicos da transmissão e da percepção da dor, mesmo a dor como sensação ("o dano em um tecido") tem uma dimensão significativa que não se deixa reduzir ao meramente "físico". Nesse sentido, ela pode até ser, como veremos a seguir, uma solução para o sofrimento, quando usada como analgésico psicológico para aliviar a ansiedade, a culpa e até mesmo a depressão. Mas um fato é inegável: a dor, de algum modo, vem recuperando seu valor e seu sentido "gótico". Talvez isso explique o papel fundamental que ela representa na vida contemporânea.

A fina linha vermelha

A crescente aceitação social de algumas das chamadas artes corporais está apagando lentamente a linha que separa o que poderíamos chamar de expressão pessoal das patologias clínicas que estavam tradicionalmente associadas à produção de dor. O sadomasoquismo, o piercing, a tatuagem, os rituais de marcas sexuais, as performances de sangue e as modificações corporais de vários tipos se tornaram parte integrante da cultura contemporânea. Um renascimento do interesse pelo universo gótico é crescente. Histórias de vampiros, rituais de sangue e automutilação tornaram-se objetos de consumo coletivo tanto nas artes recreativas quanto na dita grande arte. A linha fina entre moda e compulsão está cada vez menos perceptível. Curiosidade, experimentação ou distúrbios psiquiátricos tornaram-se indiscerníveis. Como é possível hoje separar criteriosamente o recreativo do compulsivo?

Ao contrário do que se imagina, o mundo contemporâneo, em suas aparentes e irredutíveis disparidade e multiplicidade, manifesta uma irrefreável tendência ascética. A dor sagrada ou a dor a serviço de fins superiores estão mais vivas que nunca no mundo atual. Basta observar os exercícios físicos extenuantes, os eventos esportivos, as academias de ginástica, as dietas radicais, os ritos de iniciação militares ou estudantis. A dor parece contribuir, ainda que de modo enigmático, mais para resolver do que para gerar problemas.

Tomemos, por exemplo, a automutilação. Ela está mais do que presente nos variados segmentos da vida atual. O tema, desde os anos 1980, vem chamando a atenção de especialistas e da mídia. O caso de Jill, citado por Glucklich, é um exemplo intrigante. Jill é uma adolescente de uma família equilibrada de Chicago, que, apesar de bem-sucedida, vivia em constante estresse, preocupada demais em agradar os outros. Aos 14 anos, fez uma descoberta surpreendente: se cortasse alguma parte de seu corpo e assistisse a seu sangue correr, fazia desaparecer, pelo menos por algum tempo, seu insuportável sofrimento psíquico.

"Eu estava no banheiro", conta ela, "e havia um cortador de papel de parede. Eu estava tão ansiosa que não conseguia me concentrar em nada. Peguei então o cortador e comecei a fazer cortes em minha perna e fiquei fascinada ao ver meu sangue. Era bom ver meu sangue saindo enquanto minha outra dor também saía junto". Jill passou a se cortar em lugares reservados, usando lâminas de barbear e outros objetos cortantes, como cacos de vidro e agulhas. Ela passou a ser apenas um número da estatística de uma nova epidemia entre adolescentes: a epidemia que o psiquiatra Armando Favazza chama de "corpos sob cerco" (*Bodies Under Siege*). Favazza estima que o número (no fim dos anos 1990) de "cortadores" era de 750 para cada cem mil americanos, em um total de dois milhões, mas ele adianta que o número real pode ser bem maior.

Qual é a explicação para esse fenômeno? Em seu livro sobre o assunto, Glucklich propõe uma questão intrigante e fecunda: seria possível entender a automutilação contemporânea a partir da flagelação sagrada de santos e místicos? Nos dois casos, a dificuldade é entender como uma dor que normalmente é evitada se torna boa e querida. Como a dor "má" se torna "boa"? Não se entende isso por completo em termos meramente desintegrativos. Dizer que é um comportamento autodestrutivo é insuficiente. A solução deveria ser buscada pelo lado positivo da alteração da consciência e da identidade. Mas essa alteração só é possível em um contexto em que a dor é experimentada com significado e valor.

Os automutiladores contemporâneos muitas vezes falam como se fossem mártires: são "religiosos sem teologia", como diz Glucklich. O termo mais frequente usado por eles para justificar o que fazem é o poder. "Se outra pessoa está me machucando", diz outra garota, "ou me fazendo sangrar, pego o instrumento e eu mesma me faço sangrar; assumo o controle". Muitas diferenças os separam, mas uma característica une os automutiladores contemporâneos: o sentimento de que são vítimas de falta de poder, de que são dominados e controlados por uma vontade anônima e alheia.

No sacrifício contemporâneo, cortar é a maneira de submeter algo inferior a um fim superior. Nesse sentido, quando retiramos uma parte de nosso corpo infectada, tentamos eliminar a doença, alterar nosso corpo em favor de algo superior, a saúde. Adolescentes e mártires cortam-se porque descobriram um meio de alterar a percepção que eles têm sobre si mesmos, um meio de produzir um sentimento de poder pessoal e de entrar em uma relação identificatória com algo de ordem superior. A dor, em suma, dá alimento simbólico a um eu faminto.

Sem a estrutura teológica que sustenta a dor sagrada, as experiências contemporâneas voluntárias com a dor parecem ressoar no vazio. Elas produzem certamente um alívio de outra dor: o sofrimento de impotência, de falta de poder. Mas a instância superior à qual ascedem parece ser um lugar vazio. Sabemos, no entanto, que ela fornece um tipo específico de prazer — o alívio da dor. Um prazer negativo, um traço distintivo da vida contemporânea.

O que parece claro na vida de santos e mártires — um contexto cultural que oferece as crenças, as emoções e os valores para que essas relações violentas com o corpo sejam possíveis — é obscuro na contemporaneidade. O uso da dor para produzir estados específicos de consciência e fazer nascer uma nova identidade aponta para fenômenos psicológicos e religiosos definidos culturalmente, nos quais indivíduo e cultura se encontram.

★ ★ ★

As práticas ascéticas e as experiências extáticas com a dor na Idade Média aproximam-se paradoxalmente das experiências com o prazer. Seria o caso de perguntar, como já o fizeram, se a filosofia da mescla de prazer com dor de Marquês de Sade não colocaria em xeque a filosofia de Epicuro, que, como vimos, concebe o prazer como a ausência de dor. Mas o mundo contemporâneo estaria disposto a aceitar um prazer não misturado com dor? Epicuro certamente diria que Marquês de Sade não oferece um prazer que pode constituir uma Vida Boa. Mas talvez hoje seja difícil imaginar um grande prazer humano que não produza dor, ou que não seja intensificado por ela. A definição de prazer como "ausência de dor" de Epicuro não pareceria realista e atraente para o mundo de hoje. A sensibilidade atual precisa ser perturbada e ferida para julgar que algo é digno de seu interesse.

Capítulo 6
A ética, o prazer, o êxtase

Nós, os gregos e a ética

Nossa proximidade e nossa distância em relação aos gregos podem ser ilustradas por uma imagem: um fundo narrativo inacessível e murmurante de onde ouvimos nossos ecos distantes. Esse murmúrio sussurra um segredo bem-guardado sobre coisas que nos fascinam e nos causam horror. Como essa distância não pode ser abolida, a herança grega jamais poderá ser totalmente avaliada ou compreendida. Isso talvez explique nossa necessidade de retornar aos gregos. A filosofia, por exemplo, frequentemente faz esse retorno, seja para propor novos questionamentos, seja para buscar soluções. A própria ideia de retorno é uma invenção grega — retorno à casa, retorno à natureza etc. Retornar a eles, portanto, é já estar sob seu influxo.

O caso da ética é exemplar. Na vida contemporânea, a consciência crescente da necessidade da valorização das condutas convive — não sem alguma perplexidade — com a inexistência de um modelo de moral coerente e aceitável para a maioria das pessoas. Não temos mais um corpo de preceitos, de máximas universais ou de mandamentos capazes não apenas de dar forma às ações humanas, mas — o que é mais importante — de fornecer as condições para que se queira agir de acordo com normas e valores.

Essa contradição gera um mal-estar que pode ser observado em vários planos da vida social: no domínio da política, da educação, da vida cotidiana. Há um inegável clamor público em torno da ética. Escutamos esse clamor na retórica dos slogans dos partidos políticos, na mais genérica das causas coletivas, nas reclamações individuais. Se olharmos historicamente, veremos que, na profundidade, essa insatisfação coletiva e individual tem origem em um acontecimento histórico-filosófico. Não é de hoje que sabemos que a reflexão moral atravessa nos últimos séculos uma crise aparentemente irreversível.

Na busca por alternativas ao modelo moderno, a ética grega passou a ser uma opção interessante para o pensamento atual. A razão desse interesse é atribuída muitas vezes a certa proximidade entre a experiência grega e a nossa, fruto da crise da moderna visão de moral.

Em Kant, por exemplo, a demanda por coerência entre os princípios da razão prática conduz automaticamente à negação dos conflitos e dilemas. A harmonia interna do agente não pode ser afetada pela contingência do mundo. Em contraposição, a cultura grega afirma a contingência como o único estado propriamente humano. Pensemos em Odisseu, na ilha da deusa Calipso, escolhendo o risco implicado na vida humana e finita no lugar da eternidade e da segurança ao lado da deusa. Ao preferir a contingência, a vulnerabilidade, a precariedade, Odisseu escolhe construir sua vida dentro dos limites humanos e dos riscos que isso implica. Essa é a razão pela qual a questão central da ética grega não é a determinação de uma ação correta independentemente de todas as circunstâncias, mas — e o que é fundamentalmente bem diferente — saber qual é a melhor maneira de tornar boa a vida humana, naturalmente contingente. Por essa razão, os gregos sofrem com conflitos práticos insolúveis, e experimentam a contingência do mundo na sua forma mais bruta.

Um segundo aspecto fundamental da ética grega é a ausência da necessidade da garantia divina para o estabelecimento do valor da ação. Os deuses não oferecem leis; os gregos não têm nada que se assemelhe a mandamentos, não têm um conjunto de regras universais por meio das quais as suas condutas são medidas. A ênfase não se encontra, de nenhuma maneira, no lado da lei.

Isso nos conduz ao terceiro aspecto. Assim como a palavra ética, derivada de *ethos*, pode significar costume, hábito, caráter ou temperamento, a reflexão moral grega é inseparável de uma reflexão sobre o caráter do homem como a condição para uma ação admirável. Assim, a ética grega focaliza sua atenção no agente e nos meios pelos quais ele se exercita, se disciplina, se aplica para se transformar em alguém melhor. Uma ética centrada, portanto, na transformação de si mesmo, e não na obediência ou no dever. Uma ética que não se pergunta sobre a determinação de uma ação certa ou errada, mas sim sobre que tipo de pessoa vale a pena esforçar-se para se tornar. Ou sobre a que processos vale a pena se submeter para se transformar no que se julga ser o melhor.

Como a ética grega entende esses processos como meios de aquisição de virtudes — os modos superiores de ser e agir —, compreende-se que o sujeito virtuoso é capaz de executar uma ação no maior grau de perfeição que ela possa vir a atingir. Essa forma superior da ação pode ser entendida a partir do vocabulário moral dos gregos, dominado por três pares de termos opostos que não têm nenhum equivalente direto na terminologia moderna. Os termos básicos da avaliação moral são bom-mau (*agathon-kakon*), admirável-vergonhoso (*kalon-aischron*) e justo-injusto (*dikaion-adikon*). Esses termos não são isoláveis uns dos outros; ao contrário, são aspectos de um mesmo caráter. A *eudaimonia*, por exemplo, que costuma ser traduzida por felicidade, é o estado decorrente de todas essas aquisições. Portanto, é melhor entendida como "florescimento humano", o cume de um processo de autoformação e de conjugação de excelências. Essas excelências revelam ainda uma dimensão própria de beleza que torna aquele que a possui um objeto de contemplação e de admiração.

Embora tivessem um agudo senso ético, os gregos não tinham um conjunto de mandamentos religiosos ou de regras explícitas regulando as condutas. Isso parece indicar uma alternativa ao modelo ético calcado na lei, no dever e na obediência. Como, no nosso caso, não há mais um sistema religioso fundamentando condutas, nem regras universais que as validem, aparentemente perdemos esse tipo de senso ético. Por essa razão, um retorno aos gregos parece inevitável.

Uma das tentativas de encontrar nos gregos a perspectiva adequada para solucionar os problemas éticos atuais foi empreendida por Michel Foucault. Embora seja uma tentativa, em certo sentido, malsucedida, ela revela vários aspectos interessantes do contraste entre a visão grega e a visão contemporânea do prazer. Comecemos contando a história desse retorno.

Sartre, a ética e a arte

Em 1946, após seu livro *O ser e o nada* receber violentas críticas de cristãos e comunistas, Sartre resolveu dar uma resposta à altura em *O existencialismo é um humanismo*. A estratégia era a seguinte: contra os críticos que afirmavam que a doutrina existencialista tornava a vida humana impossível e inviabilizava qualquer ação moral, Sartre apresentava a dimensão ética do existencialismo.

Para construir sua defesa, armou-se com a definição e a palavra de ordem do existencialismo: "A existência precede a essência." Com ela, Sartre combatia a velha ideia do Deus-artesão, o Deus criador que molda o barro, esculpe a madeira e fabrica o homem-criatura. Segundo essa ideia, o ser humano seria fabricado de acordo com determinada concepção, determinadas técnicas, do mesmo modo como um artesão fabrica seu artefato. A ideia de homem precisa, portanto, preexistir na mente divina como o conceito de um artefato preexiste na mente do artesão. É evidente então que a essência do homem — a natureza humana — existiria antes mesmo da existência concreta do homem.

Inspirado aparentemente em Nietzsche, Sartre mostra que, no século XVIII, os filósofos ateus eliminaram sumariamente a ideia de Deus, mas não suprimiram o que estava implicado nela: a ideia de que a essência precede a existência. Em linguagem nietzschiana, poderíamos dizer que eles "retiraram Deus da cena, mas esqueceram suas sombras no palco". A noção de "natureza humana" teria sido, assim, contrabandeada por Diderot e Voltaire — e até mesmo por Kant — para o pensamento moderno. O homem continuou sendo pensado como possuidor de uma essência, e cada homem, o caso particular de um conceito geral que fazia parte da mobília da mente divina. Peça de antiquário metafísico, a natureza humana, apesar de sua origem fantasmagórica, teria ficado esquecida no lounge empoeirado do pensamento ético-filosófico.

Contra isso, Sartre pretende levar às últimas consequências a "morte de Deus". Em linguagem sartreana, isso significa inverter os termos do persistente lema metafísico. Afirmar que Deus não existe implicaria necessariamente afirmar que a existência precede a essência. Segundo esse lema, agora antimetafísico, o homem existe, surge no mundo e depois — e apenas depois — se define. O homem não seria, a princípio, nada. Não havendo natureza humana que anteceda a existência do homem, o ser humano seria apenas o que faz de si mesmo.

Sartre não fica exultante com essa inversão; pelo contrário, ele toma o fato da não existência de Deus como um "terrível incômodo". Reconhece que, sem Deus, nenhum valor ético *a priori* poderia existir, pois não haveria uma consciência infinita e perfeita para pensá-lo. Mas, ao retirar as consequências desse ateísmo filosófico, Sartre reitera a promessa — ou cumpre a ameaça — contida na sentença de um personagem de Dostoiévski: "Se Deus não existe, tudo é permitido." A morte de Deus revela, assim, o ser humano desamparado, sem escapatória, sem natureza, sem valores *a priori*, sem o poder da paixão, sem sinais divinos ou qualquer tipo de revelação. O homem que resulta desse exercício da franqueza e coragem intelectual existencialista está agora condenado não a reproduzir uma essência, mas a inventar o próprio homem a cada instante.

Sartre esclarece sua posição com um exemplo do conflito ético que expõe o fracasso dos modelos modernos de resolução dos problemas morais. Um jovem deve decidir entre alistar-se nas Forças Livres Francesas, e então partir e abandonar a mãe doente, ou permanecer com ela e ajudá-la a viver. Se partisse, a mãe morreria ou mergulharia no desespero. Se ficasse, teria que abandonar os companheiros e a causa que julgava ser a mais justa. Quem poderia o ajudar? A doutrina cristã pede que sejamos caridosos, que amemos o próximo, mas quem é o próximo? Uma moral da utilidade não nos ajuda a decidir se o mais útil é participar do corpo de combatentes ou ajudar uma determinada pessoa a viver. A moral kantiana diz: "Nunca trate os outros como meio, trate-os como fim." Se ele fica com a mãe, trata-a como fim, mas corre o risco de tratar como meio os que combatem à sua volta e vice-versa. Em suma, os valores são vagos, amplos demais para os casos precisos. O jovem acabou por escolher os sentimentos, mas como determinar o valor destes? Só se pode determinar o valor do sentimento depois de praticar o ato que o comprova. Vemo-nos assim lançados em um círculo vicioso.

O exemplo de Sartre assemelha-se aos conflitos expostos na tragédia grega. Pensemos em Agamenon na tragédia homônima de Ésquilo. O herói deve escolher entre sacrificar sua filha obedecendo a um decreto divino ou cumprir a obrigação familiar de protegê-la. Ele acaba por perceber que a obediência ao deus e a obrigação familiar chocam-se de tal modo que não há conciliação possível entre elas; a escolha de uma promove a ruptura com a outra. O que faria Agamenon se fosse um herói existencialista? Assumiria sua liberdade radical e faria sua escolha sem qualquer arrependimento?

A figura sartreana de um agente sem essência e sem princípios, improvisando sua liberdade a cada momento, não é muito esclarecedora. Será que alguém poderia permanecer improvisando sua liberdade, inventando o homem continuamente, sem se prender nunca a compromisso nenhum? Sartre parece perceber essa dificuldade. Temendo que a escolha livre seja entendida como arbitrária ou aleatória, ele buscou torná-la mais plausível com uma analogia entre invenção moral e criação estética.

Embora a analogia forneça um exemplo para a compreensão do sujeito ético existencialista, Sartre tentou evitar que a comparação fosse tomada como uma simples identificação: "Não se trata", alerta ele, "da constituição de uma moral estética". A comparação permitiria apenas entender como é possível realizar uma ação não prevista por regras estabelecidas; afinal, pergunta ele, "alguma vez um artista foi acusado de fazer um quadro sem se inspirar em regras estabelecidas *a priori*? Alguém já indicou a algum artista a obra que deveria fazer? Sabemos muito bem que não existem valores estéticos *a priori*. Existem valores que se tornam visíveis, *a posteriori*, na própria coerência do quadro, nas relações existentes entre a vontade de criação e o resultado. Ninguém pode prever como será a pintura do futuro; só se pode julgar a pintura já feita".

Mas o que isso tem a ver com a moral? Segundo Sartre, a situação do artista diante do material de seu trabalho é a mesma que a do agente diante dos elementos envolvidos em um dilema ético. A questão seria a mesma: a criação. "Ninguém diz que uma obra de arte é arbitrária. Quando nos referimos a uma obra de Picasso, nunca dizemos que ela é gratuita. Compreendemos perfeitamente que Picasso se construiu a si mesmo, tal qual é, ao mesmo tempo que pintava, e que o conjunto de sua obra se incorporou a sua vida. O mesmo acontece no plano da moral."

O que a arte teria então em comum com a moral? Para Sartre, a resposta é clara: a criação e a invenção. Resta saber como se daria uma criação que não parte de nenhum conceito, regra ou valor. No caso da criação divina, sabemos que ela envolve uma ideia prévia. Mas seriam ação ética e obra de arte artefatos produzidos a partir do nada? Essa questão nunca foi plenamente desenvolvida por Sartre.

Foucault, a ética e a estética

Algumas décadas depois, outro filósofo francês retomou a analogia sartreana como passaporte para retornar aos gregos. Em suas últimas obras, Michel Foucault afirmava (sem mencionar Sartre) ter encontrado na ética grega o princípio para uma moral estética. Um pouco enigmaticamente, sugeria que a partir da experiência grega poderíamos constituir um "ponto de vista útil para analisar e modificar o que acontece no presente". Segundo ele, a arte hoje é uma arte de objetos. Não haveria conexão entre arte e indivíduo, ou arte e vida. Foucault afirma que "a arte está em um domínio especializado, o dos 'experts'". Mas será que a vida de uma pessoa pode se tornar uma obra de arte? "Por que uma mesa ou uma casa são objetos de arte, mas não as nossas vidas?", perguntava retoricamente.

Uma ética capaz de responder aos problemas específicos da contemporaneidade deve, segundo Foucault, fundamentar-se em um princípio estético. A moral existencialista sartreana transforma-se, assim, em *estética da existência*. Além de reativar a ideia nietzschiana de uma justificação estética da vida e fazer da mera analogia de Sartre um princípio ético, Foucault busca trazer novamente o prazer para o centro da cena filosófica.

O que chama ele de "nosso problema atual"? "Nós não acreditamos que uma moral possa ser fundada sobre a religião, e não queremos um sistema legal que intervenha em nossa vida moral, pessoal e íntima." Nossa questão central, portanto, é: onde podemos encontrar o princípio para a elaboração dessa nova ética? Desafios como, por exemplo, o da reciprocidade ("É o prazer do outro algo que possa ser integrado em nosso prazer", pergunta ele, "sem referência à lei, ao casamento ou a seja lá o que for?") devem ser enfrentados.

Antes de fornecer qualquer resposta, precisamos saber como nos tornamos os sujeitos morais das nossas ações — ou, em outras palavras, como nossas ações passam a ser expressões de nossas mais profundas crenças. Se julgamos que o foco deve ser colocado na nossa ação, o problema recai sobre a correspondência, ou não, a uma regra estabelecida por um código qualquer. Nesse caso, a questão é a da obediência (obedecemos ou não obedecemos à regra?). Isso diz muito pouco sobre nossas percepções, crenças e atitudes. Posso muito bem obedecer à regra, mas não acreditar nela, e, portanto, não me reconhecer nela (não ser o sujeito moral da minha ação). A relação agente-código coloca a ação humana sob o foco de uma objetividade incapaz de iluminar os bastidores onde os reais problemas éticos atuam.

A perspectiva muda inteiramente quando a questão passa a ser como nós nos reconhecemos como sujeitos morais das nossas ações. Nesse caso, somos os autores de uma ação que expressa crenças e valores com os quais nos identificamos. Além da relação com uma regra de conduta — de obediência ou desobediência —, haveria então essa dimensão de subjetividade: a relação do sujeito com ele mesmo. Em contraposição à objetividade de um código, ou à relação do agente com um código, Foucault aponta para essa dimensão subjetiva como fonte de toda e qualquer ética.

A relação ética desdobra-se em quatro dimensões: *substância, forma, atividade* e *finalidade*. Como veremos a seguir, a semelhança desses quatro aspectos da ética com a célebre doutrina das quatro causas de Aristóteles é evidente.

A chamada doutrina aristotélica das quatro causas, ou das quatro explicações, não tem relação direta com a ética. Aristóteles trata dela na *Física* e na *Metafísica*. A doutrina oferece uma explicação completa para o processo de fabricação de qualquer tipo de coisa. As causas são as seguintes: (i) a matéria (que entra obrigatoriamente na composição de qualquer coisa); (ii) a forma (que define e determina o que a coisa é); (iii) a atividade eficiente (a ação que produz a coisa); e (iv) a finalidade (em função da qual a coisa é feita). Dada a estátua de Péricles na Ágora, por exemplo, o mármore é sua matéria; a forma é a aparência de Péricles; a atividade eficiente é a do artesão que esculpiu o mármore; a finalidade, a celebração pública da existência de Péricles. Mesmo apresentada assim, de forma sumária e esquemática, a doutrina aristotélica revela sua maternidade em relação à tetralogia ética de Foucault.

Foucault chama de *substância ética* a causa material, que responde à pergunta "qual parte de mim eu associo à ação moral?". É a matéria a ser modelada na relação comigo, a parte de mim que eu separo para ser objeto do meu trabalho (seja ela o sentimento ou a intenção, o desejo ou o prazer); o *modo de assujeitamento* é a causa formal, a forma à qual submeto minha existência (seja na forma de uma lei natural, divina, racional ou estética); o *ascetismo* é a causa eficiente, o exercício sobre mim mesmo (seja para controlar meus atos, para interpretar o que sou, para extirpar meus desejos); a *teleologia* é a causa final, o que quero me tornar ao agir eticamente (ser livre, ou puro, ou imortal, ou senhor de mim mesmo).

A reativação da doutrina aristotélica das quatro causas permite que Foucault dê conta universalmente da ética e não apenas de um caso particular dela. Se aceitamos a sua visão, podemos aplicar o mesmo modelo a qualquer ética de qualquer período histórico. O interesse de Foucault na particularidade dos gregos concentra-se, no entanto, na crença de que a ética grega fundamentava-se na arte. "Faço isso porque é belo agir assim", justificariam os gregos. Esse fundamento, segundo ele, teria mudado com o estoicismo ("faço isso porque é humano agir assim") e com o cristianismo ("faço isso porque obedeço a um comando divino").

Naquilo que Sartre viu como um perigoso equívoco, Foucault julgou ter encontrado uma saída salvadora: a ética deve se tornar uma estética, transferindo, assim, em um passe de prestidigitação, o problema da ética para a arte. Foucault não esclarece o que entende por estética: fala de beleza, de vidas esplendorosas, mas não sabemos muito bem o que ele tem em mente quando fala de arte. A situação complica-se principalmente porque sabemos que a beleza e o prazer foram os primeiros a serem excluídos da arte moderna.

Com a proposta de Foucault, deveríamos esperar que a estética fornecesse um sistema capaz de fundamentar, esclarecer e responder à questão central da ética sobre "como devemos viver". A arte contemporânea dificilmente poderia desempenhar tal papel. Sabemos muito menos de estética hoje do que sabíamos há um século. Como o próprio Foucault afirma, qualquer coisa pode ser objeto de arte. Não há propriedades estéticas nas obras de arte que permitam sua identificação. Cabe então devolver a pergunta: como posso construir uma vida esteticamente maravilhosa, se uma vida maravilhosa pode ser qualquer tipo de vida? De quais critérios dispomos hoje para que as minhas ações sejam tomadas como belas e capazes de justificar esteticamente a minha existência? Se fizermos essas perguntas para um curador de alguma Bienal ou para um teórico de arte contemporânea, ele provavelmente achará graça de nossa ingenuidade.

Há ainda um aspecto mais aflitivo na proposta de Foucault: como impedir, por exemplo, que se queira construir uma vida na forma de uma performance de terror? Quem poderia negar que uma vida dedicada ao crime e à destruição dos outros não pode ser considerada uma obra de arte? Não há critérios estéticos para que esse tipo de "obra" seja excluído ou rejeitado *a priori*.

Isso nos reenvia a um problema elementar: a ética coloca em questão não apenas minha relação comigo, mas também — e fundamentalmente — minha relação com os outros. Mas como reconhecer o outro, a pessoa autônoma, com direito à existência, se ela não se enquadra em meu padrão estético? Como pode haver reciprocidade — uma das exigências de Foucault —, se as outras pessoas podem ser reduzidas apenas a materiais de uma composição estética? Esses são problemas para cuja solução Foucault talvez recomendasse — como era seu costume — a invenção e a criação. Essa recomendação, além de ser uma resposta evasiva, faz com que a estética da existência seja vista apenas como uma variação da hipótese rejeitada por Sartre de uma moral estética existencialista.

Foucault e o êxtase gótico

Há um aspecto mais estimulante no retorno de Foucault aos gregos. Sua estética da existência atribui ao prazer uma função transformadora. Infelizmente, ele nunca diz claramente o que entende por prazer. O chamado "hedonismo contemporâneo" — o culto ao corpo, os prazeres narcisistas, as volúpias do consumo — não pode ser um bom candidato para ocupar esse lugar. Como entender, então, o hedonismo de Foucault?

Apesar do caráter lacunar de sua reflexão, um importante aspecto é ressaltado por ela. Foucault reconhece que não há valores exemplares em outras épocas, mas sugere que a experiência grega (à qual ele atribui uma ligação forte entre o prazer e o desejo) permite colocar em questão um traço marcante da vida contemporânea. Segundo ele, nós experimentamos uma desconexão total entre desejo e prazer (seja na filosofia, seja na psicanálise), e isso teria sido o resultado de um ato histórico. Os gregos, então, poderiam oferecer o ponto de vista adequado para observar e "modificar o que está acontecendo".

A questão parece promissora, mas Foucault não se mostra muito interessado em ouvir o que os gregos têm a dizer sobre o prazer. Pelo que já vimos aqui, a reflexão grega sobre o prazer é complexa e extremamente rica. Os gregos não julgavam que o prazer fosse uma mera sensação privada, um sentimento totalmente independente da fonte de onde surge. Se fosse esse o caso, o prazer perderia totalmente a relevância, e pouco — ou nada — poderia ser dito sobre ele. Foucault é herdeiro de pressupostos modernos, empiristas e utilitaristas, e entende o prazer como uma mera sensação. Se os gregos debateram tão apaixonadamente sobre o que é o prazer, era porque, sem essa definição, não poderiam perguntar sobre o papel que ele desempenha na Vida Boa. Foucault ignora esse debate. Como disse Martha Nussbaum em uma resenha, "Livros sobre a história filosófica podem libertar — este [*A história da sexualidade II: O uso dos prazeres*] continua a ser um prisioneiro de sua própria pressa em face da morte".

Essa imprecisão e incompletude das reflexões de Foucault obrigam-nos a olhar para além dos seus textos na busca por uma resposta à pergunta deixada no ar com o seu desaparecimento: que tipo de experiência transformadora Foucault imaginava quando propôs uma volta ao prazer? E, mais precisamente, de que tipo de prazer ele falava?

No esquema de inteligibilidade que oferece o desejo como um problema ético, encontramos uma série de fórmulas que sintetizam viradas históricas na compreensão da relação entre prazer, desejo e ato. A fórmula grega seria atos-prazer-(desejo) — uma forte relação ligaria os atos ao prazer e ao desejo — entre parênteses porque, com os estoicos, o desejo teria começado a ser condenado. A fórmula chinesa seria prazer-desejo-(atos) — o prazer está grifado por ser intensificado pelo desejo pela contenção dos atos. A fórmula cristã seria (desejo)-atos-(prazer) — o desejo dever ser erradicado, o prazer deve ser excluído, e os atos, neutralizados (procriação). A fórmula moderna seria: desejo-(atos)-(prazer). O desejo está grifado porque é enfatizado ("deves te libertar!"); os atos não são importantes, nem o prazer, "que ninguém conhece".

Essa ideia de que o prazer é a grande incógnita na reflexão contemporânea fez com que Foucault rompesse com seus antigos companheiros pós-estruturalistas, distanciando-se radicalmente do anti-hedonismo das chamadas filosofias do desejo. Deleuze, por exemplo, afirma: "Não posso dar ao prazer qualquer valor positivo, porque o prazer parece-me interromper o processo imanente do desejo; o prazer parece-me estar do lado dos estratos e da organização; é no mesmo movimento que o desejo é apresentado como submetido de dentro à lei e escandido de fora pelos prazeres; nos dois casos, há negação de um campo de imanência próprio do desejo." Na contramão, Foucault julga que "as pessoas em geral — mas também os médicos, os psiquiatras e mesmo os movimentos de liberação — têm sempre falado do desejo e nunca do prazer. 'Nós devemos liberar o nosso desejo', dizem eles. Não! Devemos criar prazeres novos".

A escolha do prazer não é gratuita. Foucault julga que pode "escapar das conotações médicas e naturalistas inerentes à noção de desejo". Essa noção teria sido usada como uma ferramenta, "uma grade de inteligibilidade", para uma normalização: "Diga-me qual é o seu desejo e eu lhe direi quem você é." Esse seria um processo que estaria em curso desde a noção da concupiscência cristã até a noção freudiana do desejo. Segundo essa tradição, o desejo seria não um evento, mas um traço permanente do sujeito, fornecendo assim uma base sobre a qual se apoiaria uma armadura psicológico-médica.

O uso do termo "prazer" seria para ele um "território virgem", desprovido de significado. "Não há nenhuma 'patologia' de prazer, não há prazer 'anormal'", diz ele. É um acontecimento "'fora do sujeito', ou no limite do sujeito". Ocupando um lugar paradoxal, não está "nem no corpo nem na alma, nem dentro ou fora". É desse tipo de experiência-limite que fala Foucault: "Eu nunca senti o prazer, o prazer total e completo, que para mim está relacionado à morte. Eu acho que esse tipo de prazer é tão intenso e avassalador que eu não poderia sobreviver a ele, eu morreria." E acrescenta: "Espero morrer de uma overdose de prazer, de qualquer tipo."

Essas intrigantes observações fazem com que possamos entender que o retorno de Foucault não chega aos gregos, mas à experiência gótica do êxtase e da transfiguração corporal mística. Três indicações retiradas de entrevistas e complementadas por dados da biografia de Foucault abrem uma fresta para a compreensão do que seriam essas experiências paradoxais de prazer. Tais indicações abrem o caminho para um tipo de filosofia do êxtase, ou uma arte do êxtase, mas certamente não para uma ética. Essas experiências de autotransformação aproximam Foucault mais da experiência da autoflagelação que do hedonismo grego.

No deserto, com Foucault

Estamos de volta ao deserto. Desta vez, no Death Valley (o Vale da Morte), na Califórnia. Lá, segundo seu biógrafo James Miller, Foucault toma LSD pela primeira vez na vida, ao pôr do sol em Zabriskie Point. E ali está Foucault "à beira de um penhasco no meio do deserto, na primavera de 1975, chapado de LSD".

A viagem aconteceu por acaso. Um amigo propôs que fossem ao Death Valley, sugerindo que este era um lugar especial, onde Foucault poderia se sentir "suspenso entre as formas, à espera apenas do vento" (citação de Antonin Artaud sobre suas experiências com alucinógenos em 1936). O resultado foi uma espécie de epifania que teria tido um enorme efeito transformador na vida e na obra do autor de *As palavras e as coisas*.

A noite tinha caído no vale. Ao lado de um carro estacionado em Zabriskie Point, um gravador portátil tocava música eletrônica — "Kontakte", de Karlheinz Stockhausen. "Perto do gravador sentou-se Michel Foucault, ao lado de dois jovens americanos. [...] Conforme bipes sintéticos e *bleeps* enchiam o ar frio do deserto, os três homens olharam em silêncio para o espaço. Duas horas antes, todos os três tinham tomado LSD. Foucault estava prestes a desfrutar do que mais tarde ele iria chamar de a maior experiência de sua vida — uma epifania que culminou em uma série de 'experiências-limite' intensas e similares na comunidade gay de São Francisco." Lágrimas de alegria derramavam-se em seu rosto. "O céu explodiu e as estrelas estão chovendo em mim", disse ele a um companheiro. "Estou muito feliz", completou.

Prolongando a linha psicodélica do "platonismo selvagem" de William Blake, Foucault defende o uso de boas drogas para promover a "intensificação das experiências de prazer no 'limite do sujeito'".

Teria sido esse o passo mais ousado dado por Foucault para decifrar o que Nietzsche chamara de "o enigma que o homem deve resolver". Em vez de buscar resolver esse enigma por meios tradicionais, respondendo à questão "quem sou eu?" ou "como me tornei quem sou?", Foucault passou a buscar nas experiências-limite o que, em 1969, encontrara na escrita: "A escrita está atualmente ligada ao sacrifício, ao próprio sacrifício da vida; apagamento voluntário."

Não é ao desejo, portanto, mas ao prazer extático que Foucault atribui essas experiências de desagregação. Ao contrário do desejo, o prazer seria *dessubjetivador* e impessoal. Dissolveria o sujeito em um contínuo sensorial do corpo, no sonho inconsciente da mente. "O prazer passa de um para outro; não é segregado pela identidade. O prazer não tem passaporte, nem documentos de identificação", afirma ele.

Foi em meados da década de 1970, logo depois da epifania no Death Valley, que começou a imersão de Foucault na cena sadomasoquista de São Francisco. Ele estava lecionando na Universidade de Berkeley e frequentava bares gays e saunas próximos à Folsom Street. Segundo Miller, Foucault não escondeu sua fascinação com as circunstâncias pouco usuais de prazeres encontrados na Folsom Street — o centro da florescente cena do "couro" de São Francisco. Para Foucault, essa seria a oportunidade ideal para colocar em prática as teorias de Sade. Em várias entrevistas, Foucault exaltou o poder criativo das atividades sadomasoquistas. "Uma espécie de criação, um empreendimento criativo" em que os participantes se inventam para explorar "novas possibilidades de prazer". Foi assim, experimentando as dores extremas do S&M como algo libertador, que Foucault mais uma vez aproximou-se do universo gótico medieval. A busca não seria para ele a afirmação da identidade, mas a afirmação da não identidade pelas experiências-limite extremas. Esse tipo de busca está em plena consonância com certas tendências neogóticas modernas, como a *reatualização* de rituais primitivos, em que os participantes se submetem a várias mutilações, torturas, flagelações.

Um paralelo interessante com as experiências de Foucault é oferecido por Fakir Musafar, líder de uma dessas comunidades. Ele se deixava pendurar por fisgas inseridas no peito, descrevendo essa experiência em termos muito semelhantes aos usados por Foucault: "Enfim, eu atinjo um ponto em que uma mudança ocorre internamente. A minha identidade mental torna-se uma emoção no meu corpo. Espírito e corpo coexistem agora. Separados, mas conscientes um do outro. É um estado de êxtase em que não me importo mais com o corpo, não importa quão intensa seja a sensação física. Não sinto mais nada. As sensações apenas *são*", relata Fakir.

O modelo de todas essas experiências-limite — pelo menos no caso de Foucault — é a morte, na forma do sacrifício e do êxtase. Ao apresentar um exemplo "mais claro e mais simples" de sua visão do prazer, Foucault revela seu parentesco com a dor sagrada e a vontade de transfiguração: "[Uma] vez eu fui atingido por um carro na rua. Eu estava andando e por talvez dois segundos eu tive a impressão de estar morrendo, e realmente tive um prazer muito, muito intenso. O tempo estava maravilhoso. Eram sete horas da noite, durante o verão, o sol estava se pondo. O céu estava maravilhoso e azul e assim por diante. Essa foi, e ainda é, hoje, uma das minhas melhores lembranças."

Poucos seguidores na atualidade endossam esse estranho uso dos prazeres para autotransformação pela intensificação máxima. Poucos teóricos estariam dispostos a defender uma ética da intensificação do prazer nesses termos, já que não é possível que essa experiência possa ser generalizada, de modo que a maioria das pessoas seja beneficiada eticamente por experiências-limite como as de Foucault.

Nietzsche é a grande influência nesse caso. "Uma coisa é necessária para dar estilo ao caráter — uma grande e rara arte", dizia ele. Não haveria outra maneira de fazer isso senão desbloquear o elemento dionisíaco dentro de cada um — o selvagem, o indomável, a energia do animal interno. Em uma entrevista de 1983, Foucault deixou claro que adota a visão de Nietzsche sobre a autocriação. Sartre, segundo ele, comprometeu sua ética existencialista porque adotou a noção de "autenticidade". Uma noção associada à identidade pessoal que implicaria que a pessoa deveria ser fiel a si mesma. Para Foucault, não haveria nada nem dentro nem fora para que alguém seja fiel. Como Nietzsche, Foucault acreditava que as ferramentas para tal autocriação encontravam-se em "experiências-limite", potencializações extremas que liberam poderosas forças criativas e produzem enormes intensidades.

★ ★ ★

A vida de Foucault tem muito a nos dizer sobre a cultura contemporânea. Foucault exerceu uma poderosa atração sobre estudantes e intelectuais ao longo das últimas décadas precisamente porque ele articulou e personificou um traço marcante da sensibilidade de seu tempo. Como muitos nomes da contracultura, ele também estava convencido de que uma nova subjetividade poderia ser criada através da experimentação com drogas e sexo, do flerte com o não racional, da exploração do corpo e de suas potencialidades. Em uma época em que uso de drogas, body piercing e sexualidade flexível estão mais difundidos do que nunca, a vida de Foucault assume grande relevância. Ela sugere que pode haver algo mais nessas experiências — psicodélicas ou góticas — do que a mera busca por divertimento.

O fascínio de Foucault com a experiência-limite tem, no entanto, uma dimensão teológica inequívoca. A linguagem de Foucault remete ao cristianismo e aos extremos da experiência gótica cristã. Georges Bataille, um dos ídolos de Foucault, já afirmava que o erotismo voluptuosamente doloroso gera uma "teologia negativa fundada na experiência mística". Como afirma Susan Sontag: "Bataille [...] imagina o sofrimento extremo como, mais do que simples sofrimento, um tipo de transfiguração. É uma visão da dor dos outros, que está enraizada no pensamento religioso, que liga a dor ao sacrifício, o sacrifício à exaltação — uma visão que não poderia ser mais estranha para a sensibilidade moderna, que trata o sofrimento como algo que é confundido com erro ou crime. Algo a ser consertado. Algo a ser rejeitado. Algo que faz alguém se sentir impotente."

Foucault chama de "transubstanciação" a agonia em êxtase das experiências S&M, uma "comunhão profana" dos corpos.

De acordo com Miller, Foucault era "uma espécie de místico". Um herege místico tentando encontrar nas experiências extáticas e irracionais um modo de preencher o vazio deixado pela morte de Deus. Uma teologia negativa, mas uma teologia.

Capítulo 7
Pleonexias *modernas*

A catedral e o shopping

Se uma imagem arquitetônica pode materializar o espírito de uma época, o Partenon, por exemplo, seria a encarnação da visão de mundo dos gregos. Uma construção que responderia às questões fundamentais humanas do ponto de vista daquele momento histórico. Penetrar no Partenon seria ter acesso direto ao modo como os gregos orientavam-se na existência.

A catedral gótica é o equivalente medieval do Partenon. A arquitetura gótica concretiza, entretanto, outros sentidos de senso e de ordem. Os arcos ogivais, sua principal característica, redistribuíram o peso da abóbada central das igrejas, permitindo o uso de matérias leves, especialmente o vidro, tanto na própria abóbada quanto nas paredes de sustentação. O resultado foi o jorro de luz natural para dentro da construção escura. As grandes construções de pedra tornaram-se assim espaços leves, abertos, e criaram, com seus vitrais e rosáceas coloridos, verdadeiras esculturas de luz que lançavam as súplicas dos fiéis até os píncaros do céu e traziam, de lá, um fluxo multicolorido capaz de provocar êxtase na antevisão dos inconcebíveis prazeres celestiais.

O que dava à catedral gótica seu caráter singular era esse controle e essa distribuição da luz. O criador desse estilo, o arquiteto e abade Suger de Saint-Denis (1081-1151), chamava-o de *lux continua*. Suas igrejas eram, segundo ele, "perpassadas por uma luz maravilhosa e ininterrupta". Como penetra em todas as coisas sem destruí-las, a luz era vista como atributo divino e sinal da presença Dele na terra. Três palavras latinas, *lux, lumen, illuminatio*, resumem a metafísica da luz de Suger: *lux*, a luz profana, externa, física, que vem do Sol, que brilha sobre todos, bons ou hereges (Mateus 5, 45: "Ele faz o sol se levantar sobre os maus e os bons."); *lumen*, a luz metafísica, divina, estado consagrado em que a luz física se transformava após atravessar os vitrais; *illuminatio*, a luz interna, espiritual, que surge quando a luz consagrada passa pelo olho do fiel, tornando-se luz espiritual, que eleva a alma e renova o espírito (Efésios 5, 8: "Agora é a sua luz, andai como filhos da luz.").

Há, portanto, uma confluência do espiritual e do hedônico na catedral gótica em que coincidem iluminação e êxtase espiritual. Isso é possível porque o arco ogival, que aponta para uma vertiginosa verticalidade, insere o fiel, por meio da luz, em uma escala transcendente. Entrar em uma catedral gótica era penetrar em um elaborado mecanismo de alteração da percepção e do estado mental, que resultava em um êxtase místico comparável ao efeito lisérgico edificante. Como diz Nick Groom: "Edifícios góticos eram literalmente edificantes: um edifício do divino."

Embora o estilo gótico tenha ficado associado apenas ao lado sombrio, o sentido espiritual do gótico arquitetônico colocava em jogo não apenas a luz, mas também a sombra, o mortal e o espiritual. Quanto mais a luz tornava-se fulgurante, mais escurecia o fundo de onde se destacava. Nos cantos lúgubres das igrejas, uma cultura da morte alimentava-se nas trevas. Caveiras e cadáveres embalsamados, peregrinações de santos e toda uma iconografia mórbida evitavam que a condição humana, decaída, fosse esquecida. Uma crescente ênfase teológica nos sofrimentos de Cristo permitia ainda, como vimos, que, na periferia da igreja gótica, fosse instalado um culto à dor, um prazer agudo extraído do sofrimento físico, a dor gótica. A luz espiritual não abolia a escuridão da mortalidade; pelo contrário, tornava a vida humana ainda mais escura e sombria.

No mundo contemporâneo, há uma forma arquitetônica correspondente à catedral gótica no que diz respeito ao simbolismo cultural. No shopping, como já foi insistentemente dito, ecoa o modo como o mundo contemporâneo responde às questões centrais sobre o ser humano e sobre o lugar dele no mundo, sobre o desejo e o prazer.

O shopping é projetado para a realização automática de desejos e, supostamente, a fruição de prazeres que parecem justificar a vida humana. Para que funcione perfeitamente, esse sonho de olhos bem abertos precisa reconfigurar dois elementos da realidade: o tempo e o espaço. Nenhum relógio, sino ou qualquer outro sinal deve indicar que, no mundo exterior, algo acontece: chove, faz sol, é dia ou é noite. O tempo do shopping é eterno e imóvel, nenhuma interferência mundana deve perturbar a contemplação dos objetos dos desejos. O espaço ideal do shopping, por outro lado, remete a um labirinto sem centro, com esquinas sempre iguais se repetindo, uma depois da outra, infinitamente. A ênfase não está no chão em que se pisa, mas nas vitrines laterais onde estão expostos e oferecidos os produtos em uma disponibilidade absoluta. Enquanto o consumidor segue, como sonâmbulo, sua errância pelos corredores dos desejos, o tempo e o espaço profanos são abolidos, e as mercadorias brilham absolutas em uma atmosfera onírica.

A angústia que a errância em um labirinto inevitavelmente gera é neutralizada por mapas e sinais que, como fios de Ariadne, são distribuídos aos consumidores-peregrinos. Os mapas dispostos em encruzilhadas servem não apenas para orientar, mas para atenuar a insegurança que persegue os consumidores; sinais garantem que há "saída", setas asseguram que, sem dúvida, "você está aqui".

A luminosidade do shopping é artificial e sem sombras, é uma luz contínua e absoluta. No shopping é sempre um meio-dia fluorescente. A luz que não sobe para as alturas espraia-se lateralmente onde as vitrines se sucedem. Se é um edifício de vários andares, um vão central cria uma impressão imediata de amplidão. Como nas catedrais góticas, o espaço acima da cabeça é amplo. O firmamento do shopping, no entanto, oferece apenas um clima nostálgico de recompensa divina: o desejo não precisa subir às alturas, tudo está ao alcance da mão. Enquanto nas catedrais góticas a luz era vertical, no shopping ela é horizontal, fazendo o que se deseja estar sempre possível e mais adiante. Há sempre mais uma esquina, mais uma galeria, mais vitrines, em que os claros cofres de vidro iluminados guardam ícones sempre novos.

A errância no shopping, essa combinação de lazer e consumo, suspende simultaneamente a realidade e a utilidade dos objetos. Tal concentração de estímulos só pode ser superada pela errância no oceano em um cruzeiro de luxo. De fato, um cruzeiro é um palácio móvel em que crianças grandes levam suas compulsões para passear pelos corredores de lojas enquanto, simultaneamente, atrações turísticas são servidas para serem consumidas, ou seja, fotografadas, filmadas e postadas na internet.

No livro *Ficando longe do fato de já estar meio que longe de tudo*, David Foster Wallace conta sua terrível e hilariante experiência em um cruzeiro pelo Caribe no ensaio "Uma coisa supostamente divertida que eu nunca mais vou fazer", um misto de reportagem, fábula e pesadelo de nosso tempo. Segundo Wallace, o cruzeiro não oferece exatamente uma diversão, mas "uma sensação". Uma sensação que seria "produzida em você", uma mistura de "relaxamento e estimulação, indulgência sem estresse e turismo frenético". O verbo fundamental desse processo é "mimar". Os anúncios garantem, "você será mimado como nunca", e solicitam, "deixe-nos mimá-lo". Houve um tempo em que vivíamos uma ditadura da adolescência: ser jovem e rebelar-se era o que todas as senhoras e os senhores deveriam fazer; hoje, a ditadura é a da infância, a ordem é "deixe-se mimar". Nas propagandas do cruzeiro, "as experiências nunca são descritas, mas evocadas", e a sedução real não é um convite para construir sua própria fantasia, a sedução é que você está dispensado de construir a fantasia. "Os anúncios fazem isso por você. Os anúncios, portanto, não bajulam ou ignoram seu poder de escolha — eles simplesmente 'suplantam-no'." O tipo especial de promessa que fazem "não é que você pode, mas que você vai experimentar um grande prazer". A equação proposta elimina todos os inconvenientes inerentes a uma escolha: erro, arrependimento, insatisfação, desespero, tudo isso é removido para você relaxar e se divertir simplesmente porque "você não tem escolha".

Além dessa suplantação do sujeito, a selva de hiperlinks do ciberespaço representa um avanço enorme em relação ao shopping e aos cruzeiros de luxo: ela maximiza o ideal gótico da *lux continua*. Não há mais espaço nem tempo: o real e o virtual tornaram-se um só jardim, na verdade uma selva de caminhos que se bifurcam infinitamente — potencializando a errância no labirinto e no oceano. Os smartphones, os óculos do Google, os *smartwatches* e os tablets criaram o tempo do qualquer momento e o espaço do qualquer lugar; parte significativa da humanidade está a bordo de um cruzeiro marítimo navegando e consumindo na web infinitamente.

★ ★ ★

O parentesco do shopping com a catedral não é apenas uma comparação curiosa; há uma relação mais profunda entre ambos. A neurociência tem demonstrado, por meio do escaneamento do cérebro, que certos produtos causam a mesma resposta neural que as imagens de santos no cérebro de religiosos; a contemplação de um novo modelo de iPhone e da imagem do Cristo crucificado são equivalentes em termos de reação neural. Isso explica a veneração, as peregrinações e os sacrifícios que os consumidores fiéis se dispõem a fazer para obter um novo modelo que está prestes a se tornar obsoleto.

O neuromarketing — essa esquina onde a neurociência entende a mão para a propaganda — comanda as novas técnicas para a produção de desejos em massa. O guru do marketing Martin Lindstrom, autor do livro *A lógica do consumo* [*Buyology*], afirma que "a publicidade funciona melhor quando não temos consciência dela". Isso permite que nossas decisões e escolhas sejam tomadas antes de nós. Não compramos porque fomos persuadidos, compramos porque compramos. Gemma Calvert, neurocientista da Universidade de Bath, no Reino Unido, afirma que "80% de nossas compras são inconscientes — e nós realmente não conseguimos explicar por que compramos um produto". A velha forma de propaganda persuasiva foi inteiramente superada pelo neuromarketing: compramos, ou votamos em candidatos políticos, ou tomamos qualquer decisão, não porque temos livre-arbítrio ou porque somos sujeitos livres, mas porque nosso inconsciente, aparentemente, foi "colonizado".

O torpor selvagem

Nesse mundo de possibilidades e promessas das sociedades modernas, a pressão cultural não tem rosto nem origem. Quanto mais eficazes, menos visíveis. É cada vez mais difícil detectar sua presença e resistir a suas imposições. Raramente experimentamos a repressão bruta e assumida. Todo mundo parece bacana. Como diz Michael Foley, até o velho Deus irado e punitivo foi obrigado a frequentar aulas de controle da raiva para domar sua ira.

A submissão voluntária é, no entanto, um dos traços mais marcantes das sociedades modernas. A ilusão de que a realização humana não é apenas possível, como está disponível, parece ser um dos fatores que contribui para o sucesso dessa pressão anônima. Tudo depende agora do querer: "reinvente-se, transforme-se" é a ordem da música pop e da autoajuda. Como diz Foley, houve um tempo em que se perguntava sobre si mesmo ao espelho e esperava-se pela resposta; hoje, grita-se para o espelho quem você quer ser. O pressuposto é sempre o de que qualquer um pode *ser* qualquer coisa e *ter* qualquer coisa, sem que nenhum pensamento ou esforço seja necessário.

Basta querer para ser e ter. Essa é a mensagem da propaganda e da autoajuda. A personalidade deve ser jovial e radiante, como o *emoticon* do rosto sorridente e seu mantra: "Tenha um bom dia."

Não é uma surpresa que a era dos rostos sorridentes seja também a era dos antidepressivos. O sujeito depressivo animado com um sorriso no rosto é a outra face da excitação vazia. Sabemos hoje que os depressivos são capazes de sorrir e de manifestar uma enorme alegria de viver no Twitter, enquanto planejam em silêncio a própria morte. A celebridade posta uma foto eufórica à noite e, na manhã seguinte, é encontrada enforcada com sua echarpe. Assim, ao lado dessa exultante sociedade dos compartilhamentos, das celebridades, da exposição entusiasmada de si mesmo, dos milhares de amigos no Facebook e seguidores no Twitter, dos sorrisos e *emoticons* cresce uma montanha de antidepressivos de uso diário e as impressionantes taxas de suicídio no planeta, que, nos últimos 45 anos, aumentaram 60%, segundo a World Health Organization.

★ ★ ★

O grande jogador e ídolo do futebol inglês dos anos 1960 George Best, o playboy, o rei da noite, dizia sobre si mesmo: "Gastei a maior parte do meu dinheiro com bebida, mulheres e carros velozes. O resto eu desperdicei." Best conta uma história exemplar sobre a ambivalência do que entendemos por realização pessoal e felicidade: ele tinha passado a noite jogando em um cassino, e a sorte o favorecera bastante. Quando retornou ao quarto do luxuoso hotel, pediu champanhe francês. O garçom que trouxe o champanhe o encontrou em uma cama com notas de vinte libras espalhadas e, a seu lado, a bela e seminua

Miss Universo da época. Ao retirar a rolha da garrafa, o garçom disse: "Sr. Best, posso lhe fazer uma pergunta?" Best respondeu: "Claro que sim." O garçom disse então: "Diga-me, sr. Best, quando foi que tudo começou a dar errado?"

Anos depois, Best observou: "Talvez aquele garçom tenha visto em mim algo que eu não conseguia enxergar." A pergunta do jovem garçom acabou por resumir o enigma de uma vida construída entre glória e total dissipação. Best encarnou esse ideal de realização pessoal em que a beleza, o talento, a riqueza, as conquistas sexuais, a ostentação e a satisfação compulsiva no consumo de coisas, de indivíduos e de si mesmo parecem duplicar as pessoas em um aspecto público e em outro insondável. Até que a morte ou o espetáculo público de sua decadência as reúna novamente.

Quando foi que tudo começou a dar errado? — poderíamos perguntar para o nosso tempo. A resposta imediata parece remontar a uma crítica que nos acompanha desde o princípio da modernidade. Susan Sontag rastreia esse ponto de vista crítico até sua origem. Em 1800, em *Preface to the Lyrical Ballads*, William Wordsworth já denunciava (antes mesmo da invenção da fotografia!) a corrupção da sensibilidade "pelos grandes eventos nacionais que acontecem diariamente, e o aumento do acúmulo de indivíduos nas cidades, onde a uniformidade de suas ocupações produzem uma compulsão por incidentes extraordinários, que a rápida comunicação da inteligência gratifica de hora em hora". Esse processo de hiperestimulação da sensibilidade, segundo ele, acabaria "reduzindo os poderes discriminadores da mente a um estado de torpor selvagem".

Essa ideia, segundo Sontag, tem sua face mais "influente — e cínica — na critica que vê a modernidade como uma espécie de mandíbula gigante que mastigou a realidade e cuspiu fora a gosma caótica em imagens". É a ideia de que em nossa sociedade, para que algo possa ser considerado real, ou seja, para que possamos nos interessar por qualquer coisa ou situação, elas devem ser vistas como um espetáculo. As próprias pessoas aspiram desesperadamente a atingir o status — não de pessoas verdadeiramente admiráveis, mas de meras imagens. Segundo esse ponto de vista critico, a realidade já foi, há muito tempo, erradicada. Sobraram apenas seus restos, as representações da mídia. Dentro da caverna midiática, não haveria mais um lado de fora para medir o grau de veracidade dos simulacros. Tudo teria começado a dar errado com esse *torpor selvagem*, que acabou por sugar a realidade inteira para o ralo da história. Junto com a realidade, teriam ido junto a razão, o homem, a ética — e, acrescentaríamos, o prazer.

Contra essa tendência, Sontag alerta para um perigo: o provincianismo intelectual. Ele nos leva a universalizar hábitos de uma pequena parcela da população "que vive na parte abastada do mundo, onde a notícia foi convertida em entretenimento". Assume-se, assim, que todo mundo é um espectador desse tipo. E sugere-se, "perversamente", que o sofrimento das pessoas no mundo não é real, comete-se o absurdo de identificar o mundo a essas zonas onde as pessoas têm o duvidoso privilégio de serem espectadoras. A realidade, entretanto, é que centenas de milhões de telespectadores "estão longe de se acostumarem com o que veem na televisão. Eles não têm o luxo de patrocinar a realidade".

Mas é verdade que o espectador contemporâneo ideal precisa ser constantemente estimulado. O conteúdo de uma imagem não é mais do que um mero estimulante, um excitante, uma mera sensação. Somos afetados pela dor dos outros, por exemplo, e pelo sentido do que vemos, quando há uma intensificação da consciência. Mas as imagens disseminadas pela mídia produzem exatamente o contrário: o eventual impacto de uma foto é reduzido porque a banalização do conteúdo reduz a um grau mínimo nossa capacidade de perceber o que ela veicula. As imagens são consumidas compulsivamente sem que nenhum conteúdo seja absorvido.

Podemos estabelecer um paralelo entre a discussão de Sontag e a nossa sobre o prazer na atualidade, e evitar, assim, a tentação provinciana de generalizar essa posição como se não houvesse alternativa ou como se, de algum modo, ela não pudesse estar já em curso. É certo que a tendência majoritária contemporânea é ver o prazer como mera excitação, e nesse sentido fazê-lo se confundir com a compulsão, com a voracidade, com o desejo pelo excessivo e pela próxima novidade. A *pleonexia* de que nos falava Cálicles como uma espécie de ideal hipotético ganhou hoje uma realização eufórica.

A ambição *pleonética* supõe que há sempre algo melhor adiante a ser adquirido e consumido. Essa expectativa projeta um futuro cheio de plenitude que esvazia completamente o presente; tudo o que acontece hoje já é passado, e apenas a próxima novidade — amante, trabalho, projeto, viagem, destino, refeição — pode conter a promessa de alguma positividade. Pergunta Foley:

> Quem, no mundo ocidental não foi perturbado por um coquetel tóxico de insatisfação, inquietação, desejo e ressentimento? Quem já não desejou ser mais jovem, mais rico, mais talentoso, mais respeitado, mais célebre e, acima de tudo, mais sexualmente atraente? Quem não se sentiu com direito a mais, e prejudicado quando não obteve isso?

O protótipo dessa compulsão, que se impõe como uma necessidade fisiológica, é o desejo criado e modificado pela publicidade. Em um automatismo que remete à toxicomania, os consumidores passam a necessitar das mercadorias como os dependentes necessitam das drogas pesadas. Nossas sociedades de hiperconsumo, com seus inesgotáveis meios tecnológicos, não apenas criam necessidades imperiosas, como também fazem — principalmente — os objetos de desejo serem substituíveis e efêmeros. Assim, o que se poderia chamar de prazer na atualidade é a excitação que precede a aquisição, o prazer negativo que antecipa o preenchimento de uma falta. Não há fruição verdadeira, a felicidade prometida projeta-se em um futuro perpetuamente adiado. Sob o comando de um inconsciente compulsivo, impulsivo, irritado, astucioso e insaciável, nenhuma quantidade de gratificação é suficiente.

Platão foi o primeiro a nos alertar sobre o aspecto mais terrível da compulsão: ela implica necessariamente na insatisfação. O apetite, o perfeito modelo da compulsão, tem uma potencialidade infinita, e sua progressão gera uma crescente frustração. A capacidade compulsiva não tem limite, mas os objetos do mundo, sim. A insatisfação e a frustração são, portanto, inevitáveis. Como vimos, a compulsão é uma espécie de vício, e o viciado chega ao clímax que ele logo reconhece como anticlímax. Por isso, roupas lindas, ardentemente desejadas, nunca são usadas; livros fascinantes, nunca lidos; jogos emocionantes, nunca jogados.

Qual seria então a alternativa para pensar o prazer integrado à vida humana? Duas correntes teóricas que colocam a vida e o desejo no cerne de suas preocupações, o nietzschianismo e a psicanálise, seriam os candidatos naturais para oferecer não apenas uma alternativa para o mal-estar contemporâneo, mas também uma resposta à questão sobre o prazer. Infelizmente, como veremos a seguir, essas perspectivas teóricas repetem os mesmos equívocos da tradição moderna sobre o prazer.

Nietzsche e a *pleonexia*

A esperança de Nietzsche oferecer uma alternativa para as questões contemporâneas ligadas ao prazer não se sustenta, porque, mais que o cristianismo — que ainda preserva um lugar para o prazer, ainda que adiado e transcendente —, Nietzsche é, na história da filosofia, um dos maiores inimigos do prazer. A herança anti-hedonista que ele legou a seus discípulos franceses atuais — com a nobre exceção de Foucault — fica, assim, explicada.

Segundo Nietzsche, o prazer é simplesmente o reflexo consciente da aquisição de poder, um sintoma, uma excitação da Vontade de Poder. Aliando-se à tendência anti-hedonista majoritária da filosofia não grega, o autor de *Assim falou Zaratustra* julga que o prazer não pode ser visto como uma meta; mas, sim, como mera sensação que ocorre quando conseguimos o que almejamos. E como o que almejamos é sempre ter mais poder, o prazer não é mais que um acompanhamento desse processo. Para ele, dizer que os homens buscam o prazer e evitam a dor não é apenas banal, mas também errado. Busca-se o poder, buscam-se os obstáculos a superar, e isso, na verdade, acaba sendo muito mais uma busca pela dor que pelo prazer. Assim, a dor — mas não o prazer — é um ingrediente mais próximo da atividade mais profunda dos seres naturais, segundo Nietzsche.

Mas poderia Nietzsche oferecer instrumentos críticos eficazes contra o mecanismo da compulsão contemporânea? Em um dos fragmentos de *A vontade de poder*, contra a ideia de um sujeito invariante, diz ele: "A hipótese de um único sujeito talvez seja desnecessária [...] A minha hipótese: o sujeito é uma multiplicidade." O cogito cartesiano, o "eu penso", continua sendo o alvo dos herdeiros pós-modernistas e neoestruturalistas de Nietzsche. O ego racional forneceria o substrato invariante para a experiência flutuante da emoção humana e da percepção sensorial proporcionando uma continuidade espiritual. O shopping, como vimos, proporciona um ambiente onde a unidade do sujeito é estilhaçada, multiplicada, suplantada. O consumidor que julga "escolher" um produto não o faz, em geral, por decisão, mas por uma imposição que passa ao largo do livre-arbítrio. Nada é mais compatível com as máquinas da modernidade do capitalismo tardio que essa ideia de um sujeito múltiplo. Na verdade, o sujeito nietzschiano está à vontade no shopping. Dissolvido, multiplicado, reduzido ao mínimo, mutável, ele não pode ter função crítica em um mundo o qual ele abençoa. O mundo contemporâneo ama os simulacros e os sujeitos dissolvidos. Não deixa de ser uma curiosa ironia que sejam exatamente essas as armas críticas utilizadas contra os poderes estabelecidos.

Outro ponto de desvantagem do nietzschianismo na busca por uma alternativa crítica é a noção nietzschiana do desejo. Ela aproxima-se bastante da *pleonexia* calicleana, essa "vontade de querer ter e ter cada vez mais". A *pleonexia* é reconhecidamente uma qualidade que o individualismo moderno, tanto na economia quanto na vida, vê como virtude — e não como um vício. Essa virtude expansionista e aquisitiva está presente no gosto contemporâneo por tudo que é extremo e radical: *extreme fighting,* esportes radicais, atitude animal. Como se qualquer grau abaixo do máximo fosse imperceptível ou insignificante. O horror ao silêncio, à solidão e à lentidão exalta, ao avesso, a paixão pelo barulho estridente, a aglomeração de massa comandada, a velocidade máxima.

A Vontade de Poder aproxima-se perigosamente da *pleonexia* contemporânea, assim como Nietzsche aproxima-se perigosamente de Cálicles — talvez para possível desgosto do primeiro, mas não de seus discípulos contemporâneos. Segundo Deleuze, a semelhança entre eles é tão impressionante que parece que Nietzsche complementa Cálicles. Adotando uma defesa de Cálicles contra Sócrates, Deleuze — esquecendo-se de que se trata de um personagem construído por Platão — pergunta-se como Cálicles poderia

> explicar a Sócrates que o 'desejo' não é a associação de um prazer e de uma dor, dor de senti-lo, prazer de satisfazê-lo? Que o prazer e a dor são somente reações, propriedades das forças reativas, atestados de adaptação ou de desadaptação? E como fazê-lo entender que os fracos não compõem uma força mais forte?

Para que as perguntas retóricas de Deleuze tenham algum sentido, é preciso supor que Platão, além de ter inventado Nietzsche, inventando Cálicles, tenha inventado também a crítica de Nietzsche a Sócrates. Mas uma coisa é inquestionável: ao fazer de Nietzsche um complemento de Cálicles, ele faz de *A vontade de poder* uma extensão da *pleonexia*.

Mal-estar em Gotham City

Estariam na psicanálise a prática e a teoria capazes de reabilitar a noção de prazer? Aparentemente, sim. A psicanálise não desempenha, hoje, como nos anos 1960 do século passado, o papel de intérprete profundo da cultura e do indivíduo, mas continua entoando o estribilho "viva o prazer" e reclamando que nada mudou em séculos, que continuamos inimigos do prazer. Dispostos a defender o prazer de seus supostos inimigos que denunciam nossos tempos "hedonistas" e nossa voracidade por prazeres e gozos, os psicanalistas julgam apresentar o que seria o correto uso dos prazeres. Entretanto, a visão freudiana do prazer é previsível, decepcionante e surpreendente em sua origem.

O ponto de partida de Freud é promissor: coloca o prazer como o princípio primeiro da vida psíquica. O prazer mobiliza toda ação humana, é o que nos faz agir. Mas tudo depende de como a questão "o que é o prazer?" é respondida. E, para Freud, o prazer é uma mera sensação de escoamento da tensão desejante e, portanto, um retorno a um estado de repouso, que não pode ser compreendido nem sentido fora de sua relação intrínseca com a dor. Nada de novo, portanto. Estamos no esquema do apetite criticado por Platão, e de volta ao prazer negativo, agora em sua face moderna da mera sensação subjetiva. Freud reativa essa ideia e assim se afasta completamente de uma visão positiva do prazer.

Além de reproduzir o modelo platônico da compulsão, a visão freudiana tem origem em um tipo de experiência bastante pessoal. Segundo Giulia Sissa, em *O prazer e o mal*, nos anos em que concebe o modelo energético do prazer, Freud conhece a cocaína. Recentemente isolado e fabricado na Europa, o alcaloide derivado das folhas de coca exerceu enorme fascínio sobre a classe médica, pela promessa que representava para um domínio em plena expansão, o da anestesia. Na época em que experimentou cocaína, Freud teorizava sobre a estrutura analgésica da fruição. "A psicanálise deve à droga a sua teoria do prazer", diz Sissa. Todavia, a importância crescente que o princípio de realidade assume em sua obra está ligada à consciência de que as drogas desencadeiam uma volúpia que nos afasta do mundo. Apenas um desvio doloroso na direção da realidade pode fazer com que nos habituemos a usar "corretamente" os prazeres.

Da euforia com a droga, Freud passou à depressão. Pois acabou por descobrir de forma dramática os males da dependência. No auge da euforia, ele havia encorajado seu amigo Ernst von Fleischl a fazer um uso intensivo da cocaína para curar sua dependência de morfina. Não imaginava ele que estava apenas trocando uma dependência por outra. Von Fleischl logo se tornou dependente da cocaína, experimentou delírios e alucinações, e acabou morrendo.

Os efeitos intelectuais da experiência de Freud com a cocaína deixaram marcas profundas na teoria psicanalítica. Ele não voltou a fazer uso da droga, mas jamais mudou de opinião sobre o prazer nem sobre a importância que ele reconheceu nas drogas. Para ele, as drogas seriam os instrumentos mais eficazes e imediatos na luta contra o desprazer, seriam os "quebradores de preocupações".

Em *O mal-estar na civilização*, Freud pergunta-se quais foram os meios que a humanidade inventou para enfrentar o desprazer da vida em sociedade e os limites que ameaçam a satisfação dos desejos. O que está pressuposto nessa questão é o hedonismo que define a vida humana como busca do prazer e fuga da dor. Para Freud, esse hedonismo não depende de uma escolha, mas sim de uma imposição da vida psíquica, portanto, não é um hedonismo ético, é um hedonismo psicológico. Mas o prazer e a dor são apenas sensações e, como tais, podem ser alterados. "Se posso alterar a sensibilidade de meu sistema nervoso", diz ele, "posso bloquear o sofrimento no mesmo lugar onde ele se faz sentir. Um medicamento tem essa função". Freud equipara as drogas ao poder absorvente do princípio de prazer; para ele, o método químico é "o mais grosseiro, embora também o mais eficaz, desses métodos de influência". A presença de determinadas substâncias no sangue e nos tecidos proporciona sensações imediatas de prazer e modifica a sensibilidade: deixa-se de sentir qualquer dor. A droga é vista, na "luta pela felicidade e no afastamento da desgraça", como algo "tão altamente apreciado como um benefício que tanto indivíduos quanto povos lhes concederam um lugar permanente na economia de sua libido".

Dois aspectos da visão freudiana são dignos de atenção especial. O valor da droga não está apenas garantido pelo fato de provocar um prazer imediato, mas também pelo grau de independência, "altamente desejada do mundo externo". Freud lamenta que não possamos usar esse "amortecedor de preocupações" a todo momento, e afastar-nos "da pressão da realidade e encontrar refúgio em um mundo próprio, com melhores condições de sensibilidade". Os produtos que dissolvem o mal-estar têm o efeito fatal e indesejável da dependência e o perigo do ponto de vista ético.

As drogas seriam um "atalho para a felicidade". Elas cortam o caminho que nos leva às pessoas e às coisas e vão imediatamente para a sensação de bem-estar. Freud expõe o abismo que o separa da ética grega dos prazeres. Enquanto esta não a concebe fora de uma relação com os outros e o mundo, a visão freudiana supõe a situação ideal em que a felicidade humana é concebida em termos privados. "Por que ir procurar felicidades diversas, todas dispendiosas em paciência, quando se pode sentir felicidade pura, que não custa nada e que se faz sentir imediatamente?", é a pergunta retórica de Sissa. Evidentemente, a *eudaimonia* química é uma tentação permanente.

Estilhaçar as preocupações, obter a ataraxia de Epicuro por meios químicos, eis o que, de algum modo, propõe Freud. A droga seria o primeiro remédio para combater o mal-estar da civilização, o mais evidente, o mais direto, o mais rápido. Ele testou em si próprio e o resultado lhe pareceu maravilhoso.

Um dos grandes consumidores de ópio e de filosofia grega, Thomas de Quincey, quando tomou o primeiro gole de láudano, percebeu que estava diante de "uma panaceia para todos os males humanos". Subitamente, deu-se conta de que "detinha o segredo da felicidade que os filósofos haviam discutido há séculos. Esta coisa disponível, manejável, pouco dispendiosa — o ópio". Aquilo que a filosofia grega buscou atingir por meios éticos, no exercício das virtudes, na relação com os outros e o mundo, em uma palavra, a *eudaimonia*, ele julgou caber no bolso do colete. "Eis que a felicidade se comprava com dez centavos", entusiasmava-se ele, "ela podia ser guardada no bolso do colete".

Que descoberta, que encontro, com efeito, entre uma busca incansável — a dos filósofos à procura de um prazer que o desejo torna inacessível — e a descoberta instantânea desse sonho realizado em uma substância que basta levar à boca e verter pela garganta abaixo. A felicidade deixou de ser um estado imponderável, uma sensação fugidia, um problema filosófico controverso, ela tornou-se o efeito de uma causa: beber láudano, o ópio e a felicidade.

Freud parece compartilhar do entusiasmo de De Quincey. Vê na droga um produto capaz de dar uniformidade, fixidez, saúde ao estado de espírito, poder de "evoluir descontraidamente pelos salões à vontade, trabalhar sem dificuldade". A cocaína traz uma espécie de facilidade para a vida. "Ela lima os ângulos, põe óleo no mecanismo dos gestos." A Vida Boa dependeria apenas do alívio da doença humana por meio de analgésicos.

★ ★ ★

William Burroughs escreveu que a morfina lhe ensinou o que é o prazer: um alívio de um sofrimento, um prazer negativo. E, o mais importante, que o prazer negativo decorre de um desejo insaciável. "Volúpia e anestesia seguem de mãos dadas em um movimento interminável", afirma Sissa. A ética platônica lutava bravamente para escapar desses buracos cavados na alma, da visão hesiódica dos apetites humanos insaciáveis. Aqueles que só reconhecem os prazeres segundo o modelo da sede e da fome não veem que estão em busca não do prazer, mas do não sofrimento.

A morfina, a heroína e o ópio não seriam apenas remédios específicos para o tratamento de certas doenças, mas também anestésicos libertadores do mal-estar humano; criam, para além da expressão da dor, um estado geral de inconsciência feliz. A felicidade, portanto, seria possível, e o prazer, positivo, se a felicidade fosse uma questão química. A droga revela-se o modelo do fascínio que as mercadorias exercem sobre os consumidores. As drogas são as mercadorias por excelência, e a dependência evidencia apenas o que sofrem todos os bons consumidores domesticados.

A lição de Freud é que, quando tomamos o prazer como mera sensação, desvinculada do mundo e das pessoas, abrimos a possibilidade de reduzir a vida humana a uma satisfação química ou a um consumo das coisas e pessoas que torna a ética dispensável. Enquanto os gregos achavam que o estado mental que a felicidade promove depende de ações, escolhas e valores de uma pessoa, portanto, da vida no mundo, o prazer-sensação contemporâneo oferece o caminho mais curto da química. O mundo real e as pessoas reais seriam obstáculos dos quais devemos desviar. A ética seria um trabalho longo e árduo para conquistar aquilo que se obtém imediatamente com drogas: imperturbabilidade, boa consciência e vitalidade. "O Prozac seria talvez a cocaína ideal, a que Freud julgava ter descoberto, antes de observar seu poder de dependência", diz Sissa. Contra o sofrimento, a anestesia; contra a anedonia, o antidepressivo. São essas as turbinas químicas da compulsão contemporânea.

Infinito prazer, piada infinita

David Foster Wallace é o escritor que, com humor ácido, sarcasmo e profundidade, melhor expôs a ambivalência do "hedonismo" contemporâneo. Além do mordaz ensaio sobre o cruzeiro de luxo pelo Caribe, temos também *Infinite Jest* [*Graça infinita*, lançado pela Companhia da Letras] o mais ambicioso romance de Wallace. A narrativa gira em torno de um filme, com o mesmo título original, que provoca um comportamento compulsivo em qualquer pessoa que o assista. A ambiguidade de "jest" no título em inglês, piada ou divertimento, indica o alvo. Assistir a esse filme dá tanto prazer que os espectadores não podem parar de vê-lo, e todas as demais atividades da vida deixam de fazer sentido para eles, o que acaba os levando à morte. Esses são os personagens típicos, os heróis do hedonismo da mera sensação que levam a vida humana ao extremo da miserabilidade ética.

No cruzeiro de luxo pelo Caribe, é a parte "infantil insaciável" de nós mesmos que quer sentir prazer. O grande blefe do cruzeiro de luxo, Wallace nos diz, é que esta parte infantil pode ser saciada por mimos e adulação. Como Platão, ele sabe que este é o grande engano que sustenta esse tipo de hedonismo: é impossível satisfazer essa parte infantil. Diz ele: "Toda a sua essência ou o seu *Dasein* ou o que quer que seja têm sua insaciabilidade a *priori*."

Um exemplo da frustração que está implicada nesse engano é o do caso do príncipe Q em *Infinite Jest*: sua vida está inteiramente voltada para o desejo de comer as mais novas barras de chocolate Toblerone, disponíveis em quantidades máximas. Esse modo de vida acaba causando problemas de saúde no príncipe. Diante do problema, ele resolve buscar ajuda médica para aliviar as dores causadas por seu comportamento compulsivo. Anestesiado, livre das dores, ele pode voltar a comer em escala extrema. A doença nunca pode ser atribuída ao hábito compulsivo do príncipe, a sua *pleonexia*, mas, sim, ao obstáculo que impede a sua progressão infinita. Na progressão infinita do prazer, a satisfação é projetada no ponto máximo a ser atingido, logo depois do infinito. Essa é a piada mortal e o paradoxo do prazer infinito. O problema do príncipe Q não é visto, nem por ele nem por ninguém, como a orientação errada de uma existência, mas como um obstáculo para atingir esse máximo de prazer.

Na verdade, tudo começou a dar errado quando sua vida foi monopolizada por uma compulsão. É importante notar que não é o prazer que está sendo visado. O hedonismo de maximização esconde que o que se chama de prazer é uma antecipação de uma satisfação que nunca se dá na realidade, e que acaba, por fim, antecipando seu próprio vazio. O que está em foco, portanto, é a incapacidade de qualquer fruição satisfatória. A série de Toblerones é devorada, mas não desfrutada; é sugada por um buraco sem fundo.

É nesse sentido que Wallace rejeita o hedonismo do prazer-como-mera-sensação como algo que possa dar conta do bem da vida humana. Ele reafirma a condição egocêntrica de nossa perspectiva que precisa ser superada. Diz ele em "Isto é água":

> Tudo em minha própria experiência imediata apoia minha crença profunda de que eu sou o centro absoluto do universo, o mais real, a pessoa mais viva e importante na existência. Raramente pensamos sobre esse tipo de egocentrismo natural e básico, porque é tão socialmente repulsivo, mas é praticamente o mesmo para todos nós, bem no fundo. É a nossa configuração-padrão, programada em nossos quadros no nascimento. Pense nisto: não há experiência que você teve em que você não é o centro absoluto [...] Mas, por favor, não se preocupe que eu não estou a ponto de pregar a vocês sobre compaixão [...] ou as chamadas "Virtudes". Isto não é uma questão de virtude, é uma questão da minha escolha para de alguma forma alterar ou ficar livre da minha configuração-padrão natural que é a

de ser profundamente e, literalmente, egocêntrico, e ver e interpretar tudo através desta lente do eu.

O hedonismo que pode ocupar esse lugar de descentramento da subjetividade deve produzir valor: o prazer que pode ser obtido com alguma coisa deve ser inseparável do valor intrínseco dessa coisa — ou pessoa, ou ideia.

A ameaça do hedonismo da mera sensação, no fundo, não é outra coisa senão a reafirmação da nossa "configuração original", dando a ela o direito de dizer quais os ingredientes da Vida Boa. A única razão que ela pode dar é que sente prazer com isso ou aquilo, mas ela não pode garantir que fora dela a importância das coisas pode ter outra medida. Wallace acha que uma vida desse tipo é pobre e "solitária". Ela oferece uma visão triste dos outros — as outras pessoas não são mais do que meros objetos na situação em que são valorizadas. Como avaliar, por exemplo, o valor de um amigo? Em termos hedonistas simplórios, uma pessoa é valiosa por causa do prazer que temos com ela ou da dor que ela ajuda a evitar. Se deixarmos de nos divertir com ela ou se ela deixar de ajudar a nos livrar de nossos sofrimentos, seu valor se evapora a nossa frente. Como Aristóteles, Wallace não acredita que o prazer da amizade seja separável do reconhecimento do valor intrínseco dos amigos. Isso significa que eles não são substituíveis nem instrumentalizáveis; eles tornam nossa vida valiosa com sua existência, com a nobreza inspiradora de seus atos. Nosso prazer com eles é inseparável da experiência com a grandeza que eles nos proporcionam, uma grandeza que está fora e independente de nós. Sem essa dimensão de grandeza, Wallace vê como "solitário" o hedonismo; ele remete a um prazer desconectado dos outros e do mundo, e isso não pode tornar a vida digna de ser vivida.

Pelo contrário, ameaça internamente a existência humana, seja pela progressão enfraquecedora de sentido de que ela é produto e produtora, seja pela incapacidade, que resulta dela, de ter prazer com coisa alguma. Nesse sentido, a anedonia contemporânea é a filha mais pródiga da *pleonexia*.

Epílogo
A máquina de prazeres

Imagine uma máquina capaz de realizar qualquer experiência possível de prazer. Neurocientistas ultraespecializados fariam você pensar e sentir, por meio de estímulos cerebrais, que está mesmo em Hollywood, recebendo das mãos de Meryl Streep o Oscar por sua magnífica atuação no filme dirigido brilhantemente por sua mãe; ou que você e seus incríveis amigos acabam de chegar ao topo do Everest e acenam para a multidão entusiasmada on-line; ou que você está sobrevoando a África e, com lágrimas nos olhos, lança para a multidão faminta toneladas de alimentos não perecíveis; ou que você é uma celebridade mundial e está em um hotel de luxo, tomando champanhe francês, em uma cama coberta por milhares de dólares, ao lado da Miss Universo (ou do Mister Universo, ou ambos). Durante todo o tempo, entretanto, você estaria, na realidade, apenas flutuando em um tanque com eletrodos ligados ao cérebro.

Esse experimento mental, concebido pelo filósofo americano Robert Nozick em 1974, inspirador do filme *Matrix*, propõe uma questão muito simples: você se conectaria a uma máquina de prazeres por toda a sua vida? Aceitaria viver uma vida inteiramente programada para fornecer experiências máximas de prazer?

Se você tem algum receio de que pode não fazer boas escolhas e perder algum tipo de prazer desconhecido, a empresa disponibilizaria um catálogo, um imenso arquivo de prazeres raros já testados por milhares de pessoas. Pesquisando nesse catálogo, você escolheria quais as sensações extraordinárias que sentiria, intermitentemente, por dois anos. De dois em dois anos, você sairia do tanque para escolher novas e maravilhosas experiências de prazer.

Enquanto estiver mergulhado no tanque, é óbvio que você julgará que está vivendo a vida como ela é, ainda que seja apenas como você quer que ela seja, e terá a sensação de ser você mesmo, ou quem gostaria de ser, executando atos incríveis que proporcionam intensos prazeres — ainda que esteja apenas boiando inerte no tanque do laboratório de uma empresa de diversões existenciais extremas.

A questão, novamente, é: você se ligaria à máquina para sempre? Se a vida é mesmo o que podemos sentir dela e apenas o que resulta de nossas experiências, o que pode ser mais importante para nós senão como sentimos a vida, principalmente se temos a garantia de que a sentiremos como em uma montanha-russa de prazeres extraordinários? Não seria essa a tal Vida Boa de que tanto falam os gregos, com a vantagem de não precisarmos realmente executar nenhum esforço ético para obter seus efeitos mentais?

O experimento mental de Nozick e a repulsa que ele nos causa — supomos — parece provar que há coisas que são muito mais importantes para nós que meras sensações de prazer. Em primeiro lugar, como constata Nozick, queremos realizar coisas, e não ter apenas a mera sensação de que as realizamos. Mesmo quando nos contentamos em apenas ter sensações de prazer, como nos sonhos, esse contentamento deriva do fato de que queremos viver realmente essa experiência e saber que as estamos realizando. O fato de querermos realizar certos atos e não meramente ter a sensação de executá-los mostra que a realidade é indispensável para a vida humana.

A segunda razão que Nozick oferece para você não se plugar à máquina é que nós queremos ser de um certo modo, queremos ser um certo tipo de pessoa. Não queremos ser uma bolha indeterminada flutuando em um tanque. Um corpo flutuando em um tanque não pode ser corajoso, nem gentil, nem inteligente, nem amoroso. É uma bolha sem qualidades. Plugar-se à máquina seria, assim, uma espécie de suicídio.

Em terceiro lugar, se você se pluga à máquina, seu mundo perde automaticamente a profundidade insondável e irredutível que o constitui; você passa a habitar um "mundo" raso, onde todas as respostas estão dadas e não cabe nenhuma pergunta a ser feita sobre ele. Sem seu charme, o mundo é uma mera construção artificial que não propõe grandes questões.

Nozick afirma que esse experimento mental — que pode ser feito por qualquer pessoa — nos ensina muito: aprendemos, com ele, que existem coisas muito mais importantes que as nossas sensações e as meras experiências de prazer. A maior lição de todas é que não nos plugaríamos a uma máquina de prazeres. Isso indica que o que desejamos profundamente é viver quem somos em um mundo real, ainda que cheio de dificuldades, obstáculos e dilemas.

Esse experimento foi concebido apenas para combater o hedonismo. De fato, ele apresenta sérias objeções ao hedonismo da mera sensação. Um prazer desvinculado do sujeito e do mundo não passa pelo teste da máquina. Assim, o que é rejeitado é o prazer-sensação. O hedonismo grego veria na máquina não uma tentação, mas uma infinita piada. A máquina não é capaz de fornecer sequer uma pálida imagem da Vida Boa. Para nos tornarmos quem somos, é preciso que saibamos quem queremos ser, e não apenas simulemos quem somos, e que o mundo em que vivemos tenha a dimensão de realidade, imprescindível para que o nosso prazer venha dele e das pessoas à nossa volta, e não seja apenas o eco vazio de nossa própria voz.

★ ★ ★

Quando percebemos que perdemos a rota, que estamos errando a esmo, buscamos um retorno aos gregos. Retornar, como Odisseu, para a fonte de onde viemos e nos reconhecemos e nos renovamos. Eis por que, atualmente, contra a corrente, devemos buscar na ética grega — como muitos já o fazem — um recomeço que possa restituir à vida sua força espontânea. O prazer, segundo o que propomos, é a chave desse processo. Hoje, ele não é um problema a ser resolvido, mas a solução disponível — um dado com um sentido óbvio, uma moeda de troca que perdeu seu valor e cuja evidência elimina qualquer dúvida. Tudo se passa como se soubéssemos muito bem o que é o prazer. Mas, na verdade, não somos os hedonistas desenfreados que julgamos ser: somos, mais apropriadamente, anti-hedonistas involuntários. Para que enfrentemos os impasses que uma noção vazia de prazer nos impõe, será preciso que recoloquemos a questão sobre a natureza e o lugar que ele deve ocupar em uma vida digna de ser vivida.

Referências

Prólogo

Como este livro, em seu estilo multifacetado, não é nem acadêmico nem didático, vou me eximir de listar todos os textos — além dos mencionados — que, de alguma forma, foram importantes para sua elaboração. Não posso, no entanto, deixar de relacionar os imprescindíveis. Por exemplo, neste prólogo, preciso fazer referência não apenas a *Teogonia* de Hesíodo (na tradução de Jaa Torrano), mas também à interpretação de Jean-Pierre Vernant do poema, espalhada por sua vasta obra.

Capítulo 1

Além de *Odisseia* e *Ilíada* de Homero, o texto de Bruno Snell sobre a subjetividade grega em *A descoberta do espírito* (Ed. 70, 1992), as críticas de Vernant a ele somadas e a revisão do tópico feito por Bernard Williams (*Shame and Necessity*, Ed. University of California Press, 1998) criaram o pano de fundo de onde se destacam as reflexões do capítulo. Desde o início, o livro de Bonnie MacLachlan, *The Age of Grace: Charis in Early Greek Poetry* (Ed. Princeton University Press, 1993), foi mais que uma fonte de uma inspiração.

Capítulo 2

Eu já havia tratado do tema em *Safo: vida e arte*; este capítulo redimensiona o artigo em função da questão do prazer. O texto de Bruno Gentili sobre Safo em *Poetry and Its Public in Ancient Greece: From Homer to the Fifth Century* (Ed. Johns Hopkins University Press, 1990) é a referência principal entre tantos outros. Além do seu livro, *Slow Sex: The Art and Craft of the Female Orgasm* (Ed. Grand Central Life & Style, 2011), foi a reportagem sobre ele no *New York Times*, intitulada "The Pleasure Principle", de Patricia Leigh Brown e Carol Pogash, de 13 de março de 2009, o que me incitou a escrever sobre Nicole Deadone.

Capítulo 3

O *Hipólito* de Eurípedes e o *Protágoras* de Platão são as principais referências deste terceiro capítulo. Muitas das ideias — mas nem todas — (assim como as apresentadas no quarto capítulo) foram originalmente desenvolvidas de forma acadêmica no meu livro *A potência da aparência: um estudo sobre o prazer e a sensação nos Diálogos de Platão* (Ed. Annablume, 2011). Li sobre Maysa na biografia escrita por Lira Neto, *Maysa: só numa multidão de amores* (Ed. Globo, 2007); meu interesse aqui não é — obviamente — biográfico. Interesso-me pela força que a figura dela exerce sobre nossa imaginação.

Capítulo 4

Preciso mencionar David Halperin. Seu artigo "Platonic Erôs and What Men Call Love" foi muito importante para o que desenvolvo neste capítulo.

Capítulo 5

The Sacred Pain Hurting the Body for the Sake of the Soul, de Ariel Glucklich (Ed. Oxford University Press, 2001) foi um achado para mim; a reportagem "The Thin Red Line", do *New York Times* de 27 de julho de 1997, abriu meus olhos para as relações que estabeleço no capítulo. Dos muitos historiadores, um nome: Peter Brown. Dos livros, *The World of Late Antiquity* (ed. W.W. Norton & Company, 1989).

Capítulo 6

Já havia escrito sobre o assunto há tempos no artigo "Ética: a alternativa grega", publicado em 2000. Aqui, minha visão está ainda mais explícita e desenvolvida. O *Dits et Écrits* de Foucault (Ed. Gallimard, 1994) forneceram parte da base, a biografia de James Miller, *The Passion of Michel Foucault* (Ed. Anchor, 1994), um estímulo.

Capítulo 7

Os livros *The Age of Absurdity*, de Michel Foley, e o *O prazer e o mal: uma filosofia da droga,* de Giulia Sissa, foram decisivos para a concepção deste capítulo. David Foster Wallace está nas suas linhas e entrelinhas, assim como Susan Sontag. *Infinite Jest* e um artigo ainda inédito, *David Foster Wallace on the Good Life* (a ser publicado em *Freedom & Self: The Philosophy of David Foster Wallace*), de Nathan Ballantyne e Justin Tosi, foram capitais para o que eu queria dizer e disse.

PUBLISHER
Kaíke Nanne

EDITORA EXECUTIVA
Carolina Chagas

EDITOR
Rodrigo de Almeida

COORDENADORA DE PRODUÇÃO
Thalita Aragão Ramalho

PRODUÇÃO EDITORIAL
Anna Beatriz Seilhe

PREPARAÇÃO DE ORIGINAIS
Pedro Staite

REVISÃO
Mônica Surrage
Rayana Faria

PROJETO GRÁFICO DE CAPA
Luiz Basile / Casa Desenho Design

PROJETO GRÁFICO DE MIOLO
Lúcio Nöthlich Pimentel

Esse livro foi impresso no Rio de Janeiro, em 2015,
pela Edigráfica para a Editora Nova Fronteira.
O papel do miolo é avena 80g/m² e o da capa é cartão 250g/m².